シラナイヨ

山崎育三郎

まえがき

子供の頃からずっとミュージカルの世界に憧れ、ミュージカル俳優として帝国劇場に立つということを目標にここまでやってきました。その夢を叶えることが出来た僕は今、30歳。ここまでが人生の第1章だとするならば、これから第2章が始まる。この節目の年に30年間を振り返る機会を頂きました。

これまでにも僕の幼い頃を語る機会はありましたが、あくまで断片的なものでした。「兄弟みんな留学したなんて凄いですね」「お坊っちゃんだったんですね」と言われますが、僕の人生はそれだけではありません。そう思われるような時代は、僕の人生の中でほんの一瞬。それ以外の部分のほうが、僕を作ってきた大きな要素とも言えるのです。ミュージカル俳優になりたかった僕が何をしてきたか。家族のこと。どんな思いで毎日を過ごしてきたか。そして、これまで皆さんにお話ししていなかった時期のこと。人生第1章の全てを書くことで、より深く僕のことを知って頂けたらと思い、このような形で本を出させて頂くことになりました。

みなさんと同じように、僕も楽しかったことや苦しかったことがあり、様々な経験をしてきました。華やかな世界にいるからこそ、華やかとは程遠い時間も沢山ありますし、それがエネルギーになってもいます。何より、僕を応援して下さる方々のお陰で乗り越えられたことも沢山ありました。その時々でみなさんに感謝していたこと、その気持ちをお伝え出来る本になっていたら嬉しいです。

目次

「子供の頃からミュージカルに連れて行ってもらったり、音大に入れてもらえるなんて、さぞお坊っちゃんだったんですね」と言われることがあります。確かに我が家は両親が一所懸命働いていたお陰で4人兄弟全員が海外へ留学し、みんなやりたいことをやらせてもらえました。両親には感謝してもしきれません。でも、〝平和で順風満帆な家族〟ではなかったことも事実です。幼い頃、おとなしくて泣いてばかりいた僕が、なぜ自分からミュージカルの舞台に立ちたいと思い、どのように自分を変えていったのか。高校生の僕に突然降りかかった、両親の離婚、祖父母の介護、それでも自分を見失わずにいられたのは僕自身が強い人間であったからではありません。幼い頃の記憶を一つずつ探り、僕の30年を振り返っていこうと思います。

引っ込み思案だった僕

僕は働き者の父と、愛情深い母の三男坊として東京都港区の愛育病院で生まれました。兄弟は、4歳上の長兄、2歳上の次兄、僕、2歳下の弟の4人。母はどうしても女の子が欲しかったらしいのですが、残念ながら一人も女の子は生まれませんでした。当時父方の祖父母も一緒に住んでおり、合計8人の大家族。そして、我が家は僕が生まれる前からも生まれてからも父の転勤に伴う引っ越しが多かったのです。

東京、名古屋、北九州、姫路など引っ越しを重ねましたが、幼稚園時代は千葉県市川市に居住し、3年間の幼稚園生活を送ることが出来ました。そこで初めての友達も出来ました。母親同士も仲の良かった男の子のヨウちゃんとヒロ君。いつも3人で遊んでいたのを覚えています。

幼稚園の時の記憶の中で、今でも不思議に思っていることがあります。ある日、ヨウちゃん、ヒロ君を含めた幼稚園のみんな十数人でサッカーをしていた時、僕だけみんなにちょっと特別扱いをされるんです。誰かが「いっくんは手を使ってもいいんだよ」と言い、他のみんなも「そうだよね」「いっくんはいいんだよね!」と、僕だけボールを手で投げてゴールしてもいいことにする。それが当たり前のように受け入れられてしまう。それでＯＫ！　だったんです。未だに謎めいた話ですが…。

幼い頃の僕は、とにかく甘えん坊で引っ込み思案でした。元気な兄二人をじ～っと見て育ったからか、僕と弟はおとなしく、幼稚園も最初は泣いて嫌がっていました。行きたくないと泣く僕に母が「いっくん、今日のおやつは何かな。おばあちゃんのぽたぽた焼かな」とおやつで釣られ、ようやく教室へ入っていくという毎日でした。幼稚園に行っても恥ずかしがってモジモジしていたので、当時の僕を知る方には「あんなにおとなしかったいっくんがまさかこんな風になるとはね」と言われます。

父は企業戦士のような人で、本当に忙しく、休み返上で仕事に追われていました。ですから父がいなくても母は、プール、潮干狩り、キャンプ、スキー…と一人で僕達わんぱく4人息子を色々なところに連れて行ってくれました。

母は音楽が大好きな人で、若い頃はピアノやバレエ、日本舞踊を習っていて、宝塚に入ることと歌手になることが夢だったそうです。母方の祖母も音楽好きで歌が上手く、みんなで宝塚を観に行ったこともありました。そんな訳で物心がついた時から、僕の周りには音楽がありました。長兄は3歳からピアノ、次兄はバイオリンを習っていました。でも兄弟全員が楽器を習うのは経済的に大変になったようで、僕と弟は楽器を習っていませんでした。母は僕達をコンサートやミュージカルによく連れて行ってくれました。そんな中、幼稚園の時に青山劇場に観に行った、ミュージカル『アニー』こそが僕の人生を変えた感動的なミュージカルでした。

『アニー』を観た時、自分と同い年ぐらいの子供達が、ステージの上で歌って踊っている姿を見て、僕は衝撃を受けました。観劇後すぐに「僕もあれをやりたい」と言ったらしく、会場で母親にCDを買ってもらい、自分の部屋でCDをかけては、何度も何度も歌っていたようです。食事中、兄達が楽しそうに喋っていてもずっと黙っているような、とてもおとなしかった僕が急にそんなことを言い出したので、母はとても驚いたそうです。そして僕が部屋で歌っていた『アニー』の『TOMORROW』を歌っている声を聴いて、「声が綺麗だし音程もしっかりしている。この子には歌をやらせたら自信がつくかもしれない」と、小学3年生から歌のレッスンに通わせてくれるようになりました。

最初に夢中になったのは、歌ではなく野球

僕が小学校に上がるタイミングで、我が家は東京都港区の高輪に引っ越しました。入学したのは港区立高輪台小学校。入学当初は、みんな学校周辺の幼稚園から来ている子達ばかりですから、もちろん知り合いなんていません。それに加えて僕は凄く人見知りで、毎日緊張ばかりしていました。ガキ大将みたいな強い子がいて、しょっちゅう追いかけ回されていたのを覚えています。僕は小さくておとなしかったので、からかい甲斐があったのかもしれません。

小学生の頃、歌を始める前に力を注いでいたのは野球でした。ちょうどその時期次兄が野球をやるというので、あまりよくわからないまま「僕もやりたい」と、小学1年生の時に高輪クラブという地元の少年野球チームに入りました。毎週土日に野球の練習をするうちに少しずつ上手くなり楽しくなってきました。学校では相変わらずおとなしかったけれど、野球のある週末がとても楽しみになっていました。そのチームでは5〜6年生の高学年チームと、4年生以下の低学年チームがあり、僕は4年生の時に低学年チームのキャプテンを任されました。1年生からずっと長くやっていたこともあると思いますが、〝キャプテンとなると進んで声を出さな

くてはいけない！　みんなをまとめなければならない！〟と、任されたことが嬉しくて、その頃から少しずつ前へ前へと出て行けるようになっていきました。

高輪クラブは強豪チームで、高学年になると全国大会に出場する程でした。高学年チームは5年生と6年生で構成されています。同学年が多いほうがチーム内の連携が取りやすいと思い、なるべく同学年を増やそうと、校内でスカウトを始めました。体格がよくて野球に向いていそうな子に声を掛けるんです。断られることも沢山ありましたが、「一緒に高輪クラブで野球をしようよ。絶対に楽しいから」としつこく誘って、6人の勧誘に成功しました。その頃から「〇〇君はこれをやったらいいんじゃないかな」と個人の資質と適性について考えていた気がします。そういう行動って実は今に繋がっているんです。大学時代に声楽科のみんなを誘って、学生だけの『レ・ミゼラブル』を上演したり、井上芳雄さんと浦井健治さんを誘ってＳｔａｒＳを結成したり。仲間と一緒に何かを作り上げることに喜びを感じるのだと思います。

初めて自分から……

幼稚園の時に青山劇場へ家族で観に行った、ミュージカル『アニー』。引っ込み思案だった僕が初めて「僕もあれをやりたい」と言ったのを機に、小学3年生の時に母が歌の先生を探してきてくれて、毎週水曜日の放課後は地下鉄浅草線に乗って歌のレッスンに通うことになりました。

その先生からは、『赤とんぼ』などの童謡を中心に教わっていました。ある日先生からコンクールに出てみてはと声をかけて頂き、出場することに。そのコンクールにはファミリー部門があり、親子や家族で出場出来たので、僕は母親と一緒に出場して『七つの子』を歌いました。先生から声を掛けて頂いて何気なく出場したコンクールでしたが、審査員特別賞を頂き、それは自分の中で歌が特別なものになった瞬間でもありました。学校の授業でも、先生から「歌が上手なんだってね。歌ってみせてくれるかな」と言われ、しぶしぶ前に出て歌い始めると、あれ？意外にも恥ずかしくない。歌い終わるとクラスのみんなが「いっくん、歌うまーい！」と言ってくれる。歌が自信を与えてくれました。

小学校では野球と歌を並行して続けていました。副キャプテンを務めていた6年生の時には野球で全国ベスト8という成績を残し、中学に行っても当然野球部に入るつもりでした。ちょうどその頃に歌の先生から、子供ミュージカルのオーディションのお話を頂きました。それが、小椋佳さん企画のアルゴミュージカルでした。オーディション後……奇跡の合格通知を頂いたのです。それが僕のデビュー作であり、大きな転機となった出来事でした。

アルゴミュージカル『フラワー』の本番は中学生になってからだったので、小学校を卒業するまでの間はレッスンやワークショップに明け暮れました。同じ頃、学校の学芸会でミュージカルをやることになり、先生達が推薦をして下さった校内オーディションに合格。演目は劇団四季の作品『人間になりたがった猫』。主役に選んで頂き、『すてきな友達』というテーマ曲をソロで歌ったところ、全校生徒と保護者の方達から凄い拍手を頂きました。友人曰く、幕が閉じる時に僕は泣いていたそうです。沢山のお母さん達が僕のところに来て、「いっくん、よかったよ！」「感動したよ！」と涙をぬぐいながら声をかけて下さったことを覚えています。

終演後、クラスのみんなの前で「これは僕だけの力ではなく、一緒に支えてくれたみんながいて成立したものです。みんなのお陰です」と僕が言ったそうで、のちにもらった通知表には「あの言葉に感動しました」と先生からコメントが書かれていました。僕自身はそんなことを言ったかどうかあまり覚えていないのですが、みんなで一緒に頑張っていたので、自分だけ褒められることに違和感があったのだと思います。

山崎家

僕がみんなで一緒に何かをやる楽しさを知っているのは、野球をしていたから、そして兄弟の存在も大きいかもしれません。子供の頃、長兄以外は全員野球をやっていました。大人になった今でこそ周りの友人からも「男兄弟で珍しいね！」と言われるほど仲がいいのですが、子供の頃はよくケンカをしていました。僕の左頬と眉毛に傷があるのも、どちらも次兄とケンカした時に出来たものです。ただ、そういう取っ組み合いのケンカは男兄弟だからこそ。決して外でケンカをすることはありませんでした。

父親はとても真面目で、部屋には壁一面に本が並び、勉強家で頭のいい人です。僕達が何か質問をした時に、答えられないことがないのです。宇宙の話、歴史の話、科学の話。とにかく知識の豊かな父でした。性格はおとなしく、キャッチボールをしようと誘ってもあまり乗ってこない。代わりに母が「お母さんがやるわぁ」とキャッチボールに付き合ってくれたこともしばしばありました。父は単身赴任で家にいなかった時期もあり、家事や育児は勿論母がやっていました。僕が赤ん坊の時、母は僕をおんぶして、自転車の前に次兄、うしろに長兄。お腹の中には弟がいる状態で買い物に行ったこともあったようです。本当に大変だったと思いますが、常に全力で向き合ってくれて、僕達兄弟に音楽を聴かせたり、ミュージカルに連れて行ったり、習い事もさせてくれて。やりたいことを必ず応援してくれた両親には感謝しています。

子供の頃、僕が迷子になって大騒ぎになったことがありました。小学3年生の時、母と兄弟と5人で原宿にシルク・ドゥ・ソレイユの『サルティンバンコ』というサーカスを見にいくことになっていました。母は仕事をしていたので、夕方5時ぐらいに原宿駅で待ち合わせることとなり、中学1年だった長兄が兄弟全員を原宿駅まで連れて行くことになりました。浅草線で五反田に向かっている途中、長兄と次兄がいつものようにケンカを始めました。そうなった時、僕達兄弟は2対2に分かれることが多く、僕は長兄側につき、弟は次兄側につく。これもお決まりの組み合わせです。五反田に着くまで他愛もないことをきっかけに、「うるさい」「やめろよ」と二人がずっと言い合い、僕と弟はそれを「面倒くさいなぁ」と思いながら見ていました。そして五反田に着いた時、次兄が「俺はもう行かない」と言い出し、弟を連れて五反田駅から歩いて帰って行ってしまって。すると長兄が僕に「お母さんに怒られちゃうから、二人を迎えに行ってくる。お前は先に行ってろ。新宿で降りるんだぞ」と僕と別れて行ってしまったのです。本当は原宿！　長兄は間違えて「新宿で降りて」と言ったのです。このことが、のちに大ごとになるのです。

僕は普段、歌のレッスンで浅草線には乗っていましたが、一人で山手線に乗るのは初めてでした。夕方の帰宅ラッシュの中、兄に言われた通り新宿で降りること以外、何もわからない。切符を渡され、〝新宿〟という言葉を忘れないようにと家電量販店のCMソングをずっと心の中で歌っていました。そうして原宿を通り過ぎ、新宿駅に着いてドアが開くと、物凄く沢山の人がいる。電車を降りたら母親がいると思っていたのに見つからない。取り敢えず人混みの中でホームを10往復ぐらいして母を探しましたが、いない!! だんだん不安になっていきました。1時間、2時間と時間が経過すると共に、これは大変なことになった!! と気づく…。泣きながら階段を降り、駅員さんに「お母さんがいない」と伝えました。「山崎育三郎君のお母さん～」と構内放送で呼び出してくれたものの、新宿駅に家族はいないのですから来る訳がありません。駅員さんに「新宿に何をしに来たの?」と聞かれ、「サーカス」と一言答えるのが精一杯。すると駅員さん達が「新宿でサーカスって誰かわかるか?」と調べ始め、誰かが「原宿でやっています」と言っていましたが、それだけではわかりません。自宅にも電話をかけてくれていましたが、僕を探しに出てしまっているので誰も出ない。仕方なくずっと新宿駅で待ち続けるしかありませんでした。

一方、家の方では僕が誘拐されたかもしれない…と警察に連絡し大騒ぎになっていたようです。結局どうやって親と連絡が取れたのかわかりませんが、深夜12時ぐらいにやっと母と次兄が僕を迎えに来てくれました。次兄は「俺のせいだ」と泣きじゃくっていました。

次の日に学校に行ったら凄い噂になっていて、「大丈夫だった?」とみんなに聞かれました。新宿駅にいた時は、もう一生母親に会えないのではないかという不安な気持ちだったこと、新宿駅がまるで外国のように見えたことを凄く覚えています。

兄弟ゲンカの原因はいつも些細なことです。僕から仕掛けることはありませんでしたが、一番やんちゃだった次兄とは衝突することが多かったです。

高1の時、高3だった次兄と取っ組み合いのケンカをして、次兄を突き飛ばしたことがありました。その瞬間に、「あ、やばい!!」と思いました。これは〝男兄弟あるある〟なんですが、それまで勝ったことのなかった兄に勝った瞬間、「マズい」という、なんとも言えない(強いと思っていた兄を打ちのめしてしまったという罪悪感!!)不思議な気持ちでした。本気のケンカはそれが最後になりました。

みんな性格は違うけど、男兄弟では珍しい程仲が良く、今では何でも話し合い常にお互いを尊重し合う存在になっています。

ミュージカルの世界へ。苦労、成功、そして挫折

小学6年生で学芸会の主役をやった僕は、その時の快感が忘れられずにいました。アルゴミュージカル『フラワー』のポスター撮影は小学校のうちからすでに始まり、まだ稽古が始まる前ではありましたが、ミュージカル俳優になりたいという気持ちは日増しに高まっていきました。ミュージカルの舞台稽古に専念するということは、野球を辞めるということでもあります。地元の港区立高松中学校に進んだのですが、僕以外のチームメイトはみんな野球部に入部しました。それまでの野球チームでは副キャプテンをやっていたので、チームを引っ張る立場でしたが、僕はもう野球は出来ない！　放課後にみんなが部活をやっている姿を見て、ちょっと切ない気持ちになったこともありました。正直、野球に未練を残したままでした。

一方、ミュージカルの稽古のために早退をしたり、学校を休んだこともありました。そんな生活を送りながら、自分はミュージカルの道に進んでいくんだという将来に対するワクワク感も生まれていました。

新しいクラスでの自己紹介で自分の夢を発表したことがありました。みんな、プロ野球選手や学校の先生、デザイナーと発表している中で、僕は「将来はミュージカルスターになりたいです」と。教室の中はざわつきクスクスと笑われました。まず〝ミュージカル〟をみんなに分かってもらえなかったし、自分でスターとか言ってるぜ…、という変な空気。でもその時すでに自分の中ではっきりとした将来の目標が定まり、それに向けて進むことを覚悟していました。

それまで舞台経験もないのに『フラワー』では大切な役どころに抜擢されましたが、正直、こんな舞台に出演出来る!! こんないい役をやらせてもらえる!! と誇らしげな気持ちでいました。しかし喜んだのも束の間! 厳しい現実が待っていました。先生はとても厳しく「育三郎だけ何も出来てない。帰れ!」と言われる日々が始まったのです。まずはストレッチから稽古するのですが、周りはバレエをやっている子ばかりなのでみんな体が柔らかい。体がカチンコチンなのは僕だけで、いつも先生に背中を思い切り押されていました。次に連続して回転する動き。そうです。バレリーナがくるくると回転する。それです。とにかくみんなが出来ているのにいつも僕だけ出来ない。みんなにいつも笑われ、女の子からは「なんであんなに何も出来ない子がいい役なの?」と厳しいことを言われていました。演出家からはいつもみんなの前で「全然出来てない!」と怒られてばかりでしたが、野球で鍛えられていたので、厳しく言われたぐらいでへこたれることはありません。むしろ「絶対に負けない!」といつも心の中で思っていました。

半年間ぐらい、そうした基礎から稽古を重ねるうちにどんどん吸収し上達していきました。先生方に厳しいご指導を頂き、半年の稽古を終え、いよいよ本番を迎えました。プレッシャーもありましたが、カーテンコールで拍手を頂いた時に全身がしびれるようななんとも言えない感動を覚え、こんなに凄い世界があるんだと思いました。その瞬間、「野球ではなくこの世界で僕は生きていきたい」と改めて決心。役を演じている間だけは恥ずかしさが消えて、自分らしくいられることも感じられる。ミュージカルなら自分を解放出来ると思いました。

『フラワー』のあとも、様々なミュージカル作品のオーディションを受けました。子役時代はオーディションに落ちたことはなかったので、歌は誰にも負けないと思っていましたが、中学3年の時に変声期を迎え、そこで僕は大きな挫折を経験することになりました。声変わりが始まったことで、何も歌えなくなってしまったのです。子供の声も出ない、女性のキーも出せない。声が定まらないから男性の低い声も出ない。音域が1オクターブもないような状態になってしまったのです。これはきっと子供の頃から歌を歌っている男の子だけが味わう経験です。始めは風邪でもひいたのかなと思ったのですが、だんだん1音ずつ出なくなっていく。その頃再度アルゴミュージカルのオーディションを受けたのですが、残念ながら落ちてしまいました。数年前に自分が主演をやった作品に合格しなかったということに酷く落ち込み、それからはどんなオーディションを受けても何も受からなくなり、次第に自信もどんどんなくなってしまって。唯一これだけはと思って歌を続けてきたのに、もうダメだと絶望的な気持ちになり布団の中で泣いていたのですが、それを見た母親が「将来ミュージカルをやりたいのであれば、ちゃんと勉強しようか」と言ってくれて。ちょうどその頃に、クラシックの歌の先生と出会いました。その先生は僕の歌声を聴いて「君の声は神様からもらった素晴らしい美声だよ」「ミュージカルをやるのであれば、クラシックや声楽の基礎を勉強しておくとプラスになる。挑戦してみないか」と誘って下さいました。それまでクラシックには興味がなかったですし、オペラは眠くなるからと苦手だったのですが、子役時代に出会った先輩方は、音楽大学を出ている方が多くいらっしゃいました。僕はそれまで歌を歌うだけで、楽譜も読めなければ、ピアノも弾けない!! その先生に「東邦音楽大学附属東邦高等学校を受けてみてはどうか」と薦めて頂き、チャレンジしてみることにしました。

受験勉強を始めたのは中3の夏。音符も読めないような状態です。夏休みには先生の家に泊まりこみ、まずはピアノのレッスン。短いフレーズを何度も弾いて、日に日に弾く小節を増やしていきました。右手を練習して、左手を練習して、少しずつ進めながらなんとか1曲を完成させることが出来ました。受験ではピアノの音を聴いてそれが何の音かを答える聴音の試験もあるので、その練習も欠かせませんでした。そうして受験に間に合うよう特訓して頂いて、何とか東邦音楽大学附属東邦高等学校に合格出来ました。

声変わりでミュージカルに出演出来ない時期には、オーディションを受けて合格した、テレビの学園ドラマにも出演しました。そのドラマには、山田孝之君、栗山千明ちゃん、鈴木杏ちゃん、勝地涼君など、今大活躍している同世代の俳優達が出演していました。10代前半の同世代だったのでみんなと仲良くなり、一緒によくカラオケに行ったり、食事に行っていました。孝之は週3〜4日ぐらいのペースでうちに泊まりに来ていた程です。その友達関係はとても楽しかったけれど、当時の僕にはドラマ撮影の楽しさがわからなくて。今では、ドラマは数話を並行して撮影するものだとわかっていますが、当時の僕は、話数も違う様々なシーンをあちこち飛びながら撮影をする中で、お芝居の感情をどこに置いたらいいのかわからなかったのです。ミュージカルの稽古では、ストーリーを追いながら、半年間繰り返し繰り返し細かいところまで演出家の先生から指導が入り、一つ一つ作品をカンパニーで作り上げていく!! そんな舞台のカーテンコールで感じたあの感動は本当に忘れられなかった。自分はやっぱりミュージカルのステージに立ちたいんだということを、そのドラマの仕事で再確認し、孝之達にも「俺はミュージカル俳優になる!!」と宣言しました。その後映像の世界でどんどん活躍している彼らの姿を見ることは、とても刺激になりました。僕は絶対に帝国劇場のセンターに立つ!!

山崎軍団

中学で野球部に入らなかった僕は、なんとバドミントン部に入部しました。2歳上の次兄が中学3年でバドミントン部に入っていたことと、顧問の先生が「ミュージカルの活動をやりながらでもいいよ」と言って下さったからです。当時クラスメイトだった太郎と、小学校から仲のよかった野球部以外の友達に「一緒にバド部に入ろうよ」と僕から誘って6人の男子で入ったバドミントン部が、のちの〝山崎軍団〟の誕生に繋がります。

いざバドミントンを始めてみるとこれが凄く面白く、みんなメキメキと上達して、僕もシングルスで大会に出て、港区で3位になりました。仲間のトオちゃんは、中学を卒業してからもバドミントンを続けて、都大会で優勝した程です。

部活の帰りはいつも一緒に帰って駄菓子屋に行ったり、うちに来て喋ることが日課でした。週のうち4日ぐらいうちに来ていたと思います。遅くまでくだらない話をして、また朝になるとうちに集合して一緒に登校。あまりに一緒にいるので、いつしか周りから〝山崎軍団〟と呼ばれ始めました。一番体が小さいのに、山崎が偉そうにしているから…というのが名前の由来です。山崎軍団のメンバーは、相馬太郎、トオちゃんこと丹野透、バドミントン部じゃなかったのに仲良くなった小谷徹也を入れた合計6人でスタート。高校に進学してから次第に会わなくなった二人が抜けて、最終的には太郎、トオちゃん、徹也、そして僕。この4人組に落ち着きました。いつも僕の家に集まり、お菓子を食べたりジュースを飲んだりしながら、寝っ転がってテレビを見る。一緒にいる時はくだらないことばかりしているけれど、家に帰ったらそれぞれ勉強！　太郎の成績は学年トップで、みんなやることはきちんとやる仲間でした。

部活の仲間と学校から帰る時に徹也の家の前を必ず通るのですが、小さい石を徹也の家の窓に当てるのが僕達の中でブームになっていた時がありました。リビングの窓にコツンと一つだけ当てるんです。徹也の家が近くなったら適度な大きさの石を探し、仲間と「今日授業でこんなことがあってさ」と話しながら窓のほうを見なくてもきちんと（!?）当てることが出来る程、習慣になっていました。ある日もまた小石を投げてそのまま通り過ぎようとしていたら、当時小学生だった徹也の弟が走ってきて、「お母さんいたよ、あいつらだ！」と大騒ぎ。その直後に徹也のお母さんがエプロンをしたまま全速力で駆け寄ってきたので、「やばい逃げろ！」と太郎とトオちゃんと3人で走ったのですが、逃げても仕方ないので一度怒られようと立ち止まると、徹也のお母さんが息を切らしながら「あなた達いい加減にしなさい。誰なの？　毎日石を投げているのは」とカンカン。最初は1対3で向かい合って怒られていたのですが、お母さんの説教を「はい…はい…」と頷きながら、僕がスーッとお母さんの横に移動して2対2の構図になると、お母さんは僕を除いた太郎とトオちゃんに怒り始めたのです。小石を投げていたのは僕だけだったのに、立ち位置をお母さん側に移動したら、怒りの矛先が二人に向いてしまい……。僕のいたずら心が出てしまったんですね。お説教が終わったあと、二人は「ふざけるな！」と怒っていましたが、いまだに思い出しては笑ってしまうエピソードです。

山崎軍団でいる時は、常に「何か面白いことはないかな」と考えていました。「〝てぃらりーん！　鼻から〜〟のあとに続く面白いことを考えよう」といった大喜利をすることもあれば、好きな子に告白出来ない勇気をもらうために、トランプに負けた人は好きな子に告白するようにしたことも。また、僕の高校受験のピアノの課題曲をひたすら練習して聴かせていた時期もありました。正確には「ここまで弾けるようになったから聴いてよ！」という思いから無理矢理聴かせていたんですが、いつも「ソ〜ミドソソ〜♪」というソナチネの8番ばかり何時間も繰り返し弾くので、その曲に辟易しているみんなが耳を塞いで「やめろ〜！」とのたうちまわっていました。

バカなことばかりしていた山崎軍団ですが、自慢出来ることもありやることはきちんと成し遂げる人達ばかり。今ではそれぞれ仕事をバリバリやっています。僕がミュージカルに出る時は必ず観に来てくれる。20代前半の時から「チケット高いよ！」と文句を言いつつも来てくれています。

徹也が長年付き合っている彼女と別れたことがありました。6年ぐらい付き合ってプロポーズもしていたのに、急に別れてしまったんです。そこで、急遽僕と太郎、徹也の3人で母の実家がある岡山で緊急会議を開き、3泊4日の間ずっと話し合い。「彼女程徹也のことを理解してくれる人はいないのになぜ?」と説得。結局二人は元の鞘に戻り、先日めでたく結婚式を挙げました。余談ですが、その結婚式で例のソナチネ8番が流れたんです。

太郎に好きな子が出来た時も、僕達が背中を押して応援。告白している間も太郎達に近づき過ぎない場所から見守り、その甲斐あってか(!?)大成功! 太郎もその彼女と結婚し、幸せに暮らしています。先日、太郎の家の近くでドラマの撮影だったので、夜でしたが立ち寄ってシャワーを借り、奥さんに夕飯までご馳走になりました。

僕はというと…悩んでも自分で解決してしまうことが多いので、3人に相談することは滅多にありません。とはいえ、言うべきことはちゃんと言い合うのが山崎軍団。だからいざとなった時は凄く力になります。これからもいつも近くにいて、昔のままの自分でいられる仲間でいてほしい。きっと、老後も一緒にいるんだろうなと思います。

高校入学、そしてアメリカ留学

猛特訓の末入学出来た東邦音楽大学附属東邦高校は、圧倒的に女子が多く、男子はクラスに3人しかいませんでした。今はとにかく音楽を勉強する時期なんだと考えていたので、学校行事や青春を謳歌するというよりは、ひたすら練習をする毎日でしたが、2年生になった時、アメリカに1年間留学をすることにしました。長兄がアメリカの高校と大学に行き、次兄もニュージーランドにラグビー留学をしていたことから、海外の話を毎日のように聞いているうちに憧れを持ち1年間だけ行かせてほしいと両親に頼んだのです。「都会に行くと日本人とばかりつるんで、英語が話せないまま終わってしまう。大変かもしれないけど、俺と同じように日本人がいない田舎に行ったほうがいい」という長兄のアドバイスにより、ミズーリ州セントルイスの街から更に車で4時間という、アジア人が全くいないという地域でホームステイすることにしました。外国へ留学するという緊張よりも楽しみな気持ちのほうが強く、何が待っているのだろうとワクワクしていました。

いよいよ日本を出発!! 早速行きの飛行機でハプニングがありました。シカゴで国内線のセントルイス行きに乗り継がなくてはならないのに、その乗り継ぎ時間に間に合わなかったのです。どうしよう、荷物もあるし英語も全然出来ない。アジア人のCAさんが歩いていたので呼び止めて手続きをしてもらえたのですが、結局次の飛行機は5時間後。留学協会からホストファミリーの家に電話して頂いたのですが、すでに僕を迎えに家を出てしまっているので誰も電話に出ません。ホストファミリーには5時間遅れるという連絡も出来ないでいました。シカゴの空港の店員さんに持っているお金を見せて、取り敢えず食料をゲットしなければとチョコレートと水を購入！ベンチに座って落ち込みました。新宿駅で迷子になった時と似ていますね。

セントルイスに行く飛行機の中では全然眠れませんでした。寝不足と不安を抱えたままヘトヘトで空港に着くと、祖父母ぐらいの年齢のご夫婦のホストファミリーが「IKU YAMAZAKI」と書いた紙を持って待っていてくれて。すみませんと言いながら駆け寄ると思いきりハグをしてくれました。本当に感動の対面でした!! 空港から車に乗り、そこからまた家まで4時間の道のり。車内で質問攻めにされましたが、何を言っているのかわからなくて答えられず、気付くと僕は眠りに落ちていました。

目が覚めたら真っ暗な森の中。周りに街灯もない、森の中にある一軒家がホストファミリーの家でした。中に通されて、可愛らしい部屋に案内され、僕はそのままドンっとベッドに倒れ込んで寝てしまいました。

起きたら翌日のお昼。窓の外を見ると大自然で、隣の家も見えません。動物が出てきそうな森の中で。思わず「うわっ!」と声が出ました。僕の留学はそんなショッキングな幕開けでした。最初の1週間ぐらいは学校には行かず、ホストファミリーと過ごすことになっていました。当時僕のヘアスタイルは一般的な日本人の長さだったのですが、アメリカの子供達はもっと短髪。「髪を切ろう」と連れて行かれたのは、町の床屋さん。ハサミではなくバリカンでバサッと切られて、デコボコの短髪にされて終わり。アメリカ人の金髪は柔らかいので、適当に切られても馴染むんですよね。変なスポーツ刈りにされた僕は、いよいよ学校生活がスタートすることになりました。

僕が行った高校は、全校生徒が2千人ほどいるマンモス高校。その中でアジア人は僕だけでした。そもそも僕は中学校の時にミュージカルの活動を始めたので、早退や遅刻も多く英語は苦手でした。しかし留学して3カ月ぐらい経つうちに、みんなが何を言っているかなんとなくわかるようになってきて。言葉がわからない分、耳と感覚で覚えたのでしょう。それからの吸収は早かったと思います。とはいえ学校で唯一のアジア人ですし、英語は喋れない。最初はいじめられたり、差別されたこともありました。

まだ友達が出来なかった頃、学校で金曜日に行なわれるダンスパーティーのポスターが貼ってありました。その時「自分で環境を変えたい。自分が動かなければダメなんだ。兄達が乗り越えられたんだから自分にも出来るはず！」と思い、そのパーティーに一人で参加することを決めました。パーティーでは、ダンスが得意な子や人気者が中央に出て踊るのが恒例です。それを見た僕は、「あそこで踊ったら何かが変わるかもしれない」と思いました。しばらくは会場の隅でずっと様子を見て、「次の曲で行こう」と思いつつもなかなか前に出て行けない。何曲か見送ったあとに思いきって「うわ――――！」と声を出しながら中央に飛び出し、一人で踊り始めました。すると、５００人ぐらいの生徒達がワ――――っと盛り上がり「ＩＫＵ――――!!」と掛け声が上がりました。日本では目立つ人がいると「何なのあいつ」と冷たく見られることも多いけれど、アメリカは自分から発信しようとする人は受け入れてくれる国。頑張っている人や表現しようとしている人に対してきちんと話を聞くし、素晴らしければ拍手をしてくれるのです。それを機に、僕の世界は変わりました。それまで僕をいじめていた子も話しかけてきて、沢山の友達が出来ました。何よりその日から、自分自身が変わったと思います。野球の大会があると聞けば、「アメリカ国歌を僕に歌わせて下さい！」と先生に頼んだり、合唱団のオーディションを受けたり。あのパーティーでの僕のダンスは、自分から変わらなきゃ何も変わらないんだということを実感した瞬間でした。

僕が留学した目的は英語を学ぶことだけではなく、アメリカの色々な音楽にも触れたいという思いがありました。ミュージカルにも色んなジャンルがあり、例えば『ＲＥＮＴ』のようにロック音楽を使った作品もあります。僕はどんなジャンルでも歌えるミュージカル俳優を目指していたので、アメリカではクラシックやオペラのような歌い方は封印しようと思っていました。その学校には実力のある合唱団があったので、まずはオーディションを受けました。2千人の中から50人だけが選抜されるのですが、無事に合格。そこではクラシックとは違う発声でリズムが中心の歌い方に出会い、歌唱技法を学ぶことが出来ました。また、顧問の先生がとても明るく素敵な方で、何かと目をかけて下さって。州のコンクールに僕を推薦して下さり、賞を頂いたこともありました。学校の発表会ではゴスペルのガウンをみんなで着て、『天使にラブ・ソングを…』や、ビリー・ジョエルの『The Longest Time』を男子だけでアカペラで歌うという経験も出来ました。

留学生活の後半は、日本に帰りたくないと思う程楽しい毎日でした。家から学校までバスで1時間かかるので、双子の親友アダムとジェードが車で送り迎えをしてくれたり、週末には映画に出てくるようなパーティーがあり、一度だけ行ってみたこともありましたが、基本的にはアダム達とゴルフや野球、バスケをしたり、映画を観に行ったりという、高校生らしい遊びが中心で、ほとんどの時間を彼らと過ごしていました。

そしてアメリカの高校の卒業式といえば、卒業パーティーのプロム。男女ペアでないと参加出来ないという、アメリカの若者にとっての関門です。僕と一緒に行ってくれたのは、合唱団の中で凄く歌の上手いブリトニーという女の子。いつも声を掛けてくれて、笑顔が素敵でソプラノボイスがとても綺麗な子でした。「もし相手がいないなら一緒に行かない？」と、彼女から声を掛けてくれて。普通は男の子が車で迎えに行くのですが、僕は車を持っていないので、ドレスを着た彼女が山奥まで車で迎えに来てくれるという、ちょっと変わった形になりました。二人でステーキハウスに行って食事をして、夜になったら学校に行ってみんなと写真を撮ったり、ダンスを踊ったり。彼女とは純粋なほのぼのとした心の交流でしたが、まるで映画の世界にいるような体験でした。

英語も話せるようになり、性格も明るく前向きになり、友達も出来て毎日が凄く楽しいと思う一方で、ミュージカルから離れている焦りもあり、早く日本に帰らなくては…という思いもありました。ミュージカルの世界に絶対に戻るという意志は変わっていなかったので、予定通り1年で帰国することになりました。

アメリカから帰国、祖父母の介護

ここからの話は、初めてお話しする内容だと思います。僕達の家族は、父方の祖父母も一緒に暮らしていましたが、祖父母は僕が小学生の時に患った脳梗塞がきっかけで、二人とも要介護の身でした。祖父は言葉が上手く話せなくなり、歩くのも困難に。祖母は右半身不随で車椅子生活となっていました。僕が留学中、父は単身赴任で地方へ、長兄はアメリカ、次兄はニュージーランドに留学中。弟も香川県の高校の野球部で寮生活をしていました。同時期に両親の別居が具体的に進み、家族はバラバラに。アメリカから帰ったその日から僕一人での介護生活が始まることとなりました。

成田空港から家に帰ると、祖父は僕を見るなり「誰?」と言い、認知症の影響で僕のことがわからなくなっていました。学校に行っている間は介護のヘルパーさんが来てくれるので、僕が介護をするのは学校に行く前と帰宅後。朝起きるとまずは祖父母の朝食を作ります。そして体が不自由な祖母を車椅子に乗せてリビングまで連れていく。祖父は自分で動けるのですが転びやすいので、支えながら椅子に座らせます。そこでやっとゆっくり朝食を食べる……という訳にもいきません。祖母は機嫌が悪いとお皿を手で払いのけてしまうので、何度も「はい食べて」と口元に食事を運ぶ。食事が終わってお皿を洗い終えた頃にヘルパーさんが来てくれるので、バトンタッチして僕は学校に行きます。学校から帰るとヘルパーさんが作ってくれた夕飯を準備し、そのあとは祖母のお風呂。ヘルパーさんが入れてくれる時もありましたが、時には僕が入れることもありました。お風呂では服を脱ぐのをサポートし、介護用の椅子に座ってもらって僕が全身を洗う。ふいに粗相をしてしまうこともある。ありがとうは言われない。孫だとも思われていない。文句を言われることすらある。ヘルパーさんはいい人達もたくさんいたけれど、中には常識を疑う人もいて、祖父母の食事を多く作って自分の分として持ち帰っていたり、預けたお金で自分の買い物をしていたり、入浴をうちで済ませていて僕と鉢合わせたこともありました。そんなトラブルに対応するのも僕しかいなかったので、大人の嫌なところを沢山見てしまいました。「家族も誰もいないし、なんで自分だけがこんな目に遭わなくちゃいけないんだ」と思ったこともありましたし、正直、祖父母に辛く当たったこともあります。そのことはあとになってとても悔やみました。

山崎軍団がうちに遊びに来るとみんなでワイワイとしながら祖父母と一緒にご飯を食べていました。彼らがいると僕も笑顔になれた。脳梗塞になって以来、祖父に何か尋ねても「シラナイヨ!」とばかり言うようになってしまいました。山崎軍団がうちに来て玄関のインターホンを押し「育三郎君はいますか?」と言うと「シラナイヨ!」と返事をしてしまいます。もちろん、電話でのやり取りも同じです。なので、ある日山崎軍団が来た時は、僕が祖父の真似をして「シラナイヨ!」とふざけてインターホンに出たりして。また、テレビを見ている祖父に冗談でプロレス技をかけて、「やめろ!」と抵抗する力を感じては「まだ元気だな」と嬉しく思えたり…、祖母のカチコチになっている手をマッサージしたり抱きしめたりと、スキンシップもよく取っていました。重く受け止めると、僕自身が潰れてしまいそうだったので、そうして少しでも笑いに変えたり、明るくコミュニケーションを取って乗り越えていました。

脳梗塞になる前の祖父母は、二人とも優しい人でした。祖父はとても温厚で物静かな人。祖母は明るくて、四兄弟の中で僕を一番僕を可愛がってくれていました。発病した時のことは覚えています。92〜93年ぐらいのこと。まずは祖父が急に倒れて入院。脳幹部がつまったことが原因でスムーズな歩行、流暢に言葉を発することが困難になり、知能も幼児のようになりました。祖母は一緒におはじきで遊んでいた時に、「右手がしびれる」と言うので病院で診てもらったのですが、脳梗塞と診断され、間もなく右半身が動かなくなりました。いつもニコニコしていて静かだった祖父が「シラナイヨ!」としか言わなくなり、優しかった祖母が全く歩けなくなり、食べることを嫌がる姿を見るのはショックでした。僕が子供の頃はもっと状態がひどく、祖父は家の中の物を壊したり、徘徊もしていました。父は転勤で家にいなかったので、母は子育てをしながら一人で介護もしていたのですが、精神的にも肉体的にも限界になりました。このことは母のことを思うと僕がどこまで書くことが良いのか迷ってしまうのですが、家族が大好きで、祖父母のことを大切にしていた母の下した決断は本当に辛かったと思います。祖父母は母のことが大好きでした。母も祖父母のことを大切にしていたことだけは間違いありません。だからこそ、僕達四人兄弟はずっと祖父母への思いが深いのだと思います。一番大変だった時期と比べたら今は落ち着いているので、母に代わって僕が二人の面倒を見よう!! と自分に言い聞かせ、学校と介護の両立を続けました。

僕が高校を卒業する頃に次兄がニュージーランドから帰って来たので、二人で介護が出来るようになり、だいぶ楽になりました。大学2年の時に父が東京本社に戻ってきたのですが、そのタイミングで父が再婚をし、それがきっかけで僕と次兄は実家を出て独立しようと考え、一人暮らしをすることになりました。

その後祖父母は介護施設に入ることになり、僕は月に2回程は祖父母に会いに行っていて、施設に入ってからもしばらく元気でした。祖母は家族のことをほとんど覚えていませんでしたが、たまに「いっくん」と言ってくれたので、ただただそれが嬉しくて僕は会いに行っていました。しかし2015年4月、6月と立て続けに祖父母は亡くなってしまいました。もっともっと会いに行けば良かった。あの時もう一度話を聞いてあげれば良かった。もう後悔ばかりでした。

祖母が亡くなった時は『エリザベート』の公演中だったのですが、お葬式は偶然にも休演日だったので、参列することが出来ました。神様が祖父母とのお別れの時間を与えてくれたような気がします。

一人で介護をしていた時間はこれまでの人生で一番辛く大変な時期でしたが、今は感謝の気持ちしかありません。

普通の高校生には出来ない経験によってより自分が強くなり、夢に向かうための大きなエネルギーを貰えたと思っています。また、両親の別居、離婚、祖父母との生活、色々な感情が生まれ、自分との心の葛藤がありましたが、今は父も母も残された人生を幸せに過ごしてほしい！と心から思います。

自立、ミュージカル俳優への決意

実家を出て自立した時に、心の中で決めたことがありました。それは、『レ・ミゼラブル』、『ミス・サイゴン』、『モーツァルト！』、『エリザベート』という4つの大きなミュージカルに出演すること。帝国劇場で主役をやること。そして、自分の家族を持つこと。この目標を30歳までに叶えたいと思いました。家族がバラバラになったことがエネルギーとなり、夢を叶えるためのハングリー精神にも繋がりました。愛情深い母親や、家族を大切にしているアメリカの友人達を見ていると、家族はきっと生きる上での大きなエネルギーになる。自分の実家がなくなったことで、帰る場所が早く欲しいと考えるようになりました。まずはミュージカル俳優として夢を叶えたい。そのためには何をすればいいのか。大きな目標を掲げて、前に進み出した瞬間でもありました。

2年弱の大学生活で得た、かけがえのない青春

アメリカ留学から戻った僕は東邦音大附属高校に復学しました。年齢としては3年生でしたが、1年間アメリカに行っていたため、後輩に混じって2年生から再スタート。附属高校なのでそのまま東邦音大に進学することも出来ましたが、新たなチャレンジをしたいという思いから、東京音楽大学を受験することに。その頃には次兄が留学先のニュージーランドから帰って来たので、祖父母の介護は兄と二人で分担出来るようになり、大学は何とか無事に合格。声楽科演奏家コースでクラシックを勉強することになりました。

音楽大学の声楽科にはオペラ歌手を目指している学生が多いのですが、僕は変わることなく、オペラよりもミュージカル俳優を目指し、ミュージカル道を究める意味でもクラシックの勉強に情熱を注ぎました。

大学での一番の思い出は、同じ声楽科の同級生達と学生だけの『レ・ミゼラブル』。自分達で手作りの公演を作り上げました。当時から『レミゼ』が大好きだった僕は、声楽科の同級生15

〜16人を集めて『レミゼ』をやろうと考えました。その中で『レミゼ』の知識があるのは僕だけでしたので、配役と演出は僕が担当させてもらい、衣裳や小道具はみんなで手作り。友人のお母さんにも協力して頂いたり、早稲田大学で演劇をしている学生達に当日の照明などをお願いしたりしました。ちなみに演奏はエレクトーン1台で、作曲科の同級生にお願いしました。当時は『レミゼ』全曲の楽譜が手に入らなかったので、優秀な彼に楽譜を作ってほしいと『レミゼ』のCDを渡したところ、ヴァイオリン、ヴィオラ、チェロといった弦楽器から管楽器まで全ての楽器の音を約3時間分、一つ一つ譜面に起こしてくれて、更にエレクトーンの演奏までしてくれました。本当に大変な作業だったと思いますし、彼の素晴らしい才能には感激しました。

実は、この学生版『レミゼ』の準備をしている最中に、帝国劇場の『レ・ミゼラブル』マリウス役に合格したという報せがありました。みんなにすぐ報告をしたかったのですが、舞台は情報解禁についてとても厳しい制約があり、解禁日まで家族以外には絶対に話してはいけないというルールです。声楽科のみんなと稽古をしていても合格したことを言えず、隠していることが心苦しくなってきてしまった僕は、本当はいけないことなのですが、このメンバーにだけは伝えておきたいと本番の数日前にみんなに集まってもらい、来年の帝国劇場で行なわれる『レミゼ』のマリウス役に合格したことを報告。みんなは心から一緒に喜んでくれました。そして数日後、彩の国さいたま芸術劇場の小ホールで、一度きりの『レミゼ』公演を行ないました。

美術も自分達でトラックを借りて搬入し、何から何まで自分達の手で行ない、終わったら感動と余韻に浸る間もなくすぐに荷物を搬出。みんなで泣きながらセットを壊したあの日の思い出が本当に昨日のことのようです。

そんな素晴らしい仲間と貴重な体験が出来た東京音大でしたが……念願だった『レ・ミゼラブル』のマリウス役に合格し、『レミゼ』の次の仕事も決まり、長期の公演で東京を離れることになり学校へ通えなくなるという現実。正直、大学生活を継続することは僕にとって容易ではありませんでした。やっとつかんだ東京音大の合格でしたが、ここで僕は選択をしなければいけなくなりました。

悩みました。学歴はこれからの僕の人生にとってどれほど大切なことなのか！　また東京音大の演奏家コースはぼく自身を高められる大切な宝庫だと思っていたので、本当に悩みました。当時ご指導頂いていた先生に相談に行き、「お客様の前に立つ1回のステージは何百回分のレッスンにも勝る！」とアドバイスを頂いたことで、舞台に専念することに悩んでいた僕の背中を押して頂き、僕は退学を決意しました。

辞める前、声楽科のみんながサプライズで僕の卒業式をしてくれたのも嬉しい思い出です。彼らは帝国劇場に『レミゼ』も観に来てくれました。あっという間の大学生活でしたが、素晴らしい青春でした。

夢にまで見たミュージカル俳優へ。
『レ・ミゼラブル』が教えてくれたこと

『レ・ミゼラブル』は世界40カ国以上で上演されている、ミュージカルの代表的な作品でもあります。2007年公演のマリウス役に合格した僕は、当時21歳で世界最年少マリウス。無名の大学生がマリウス役を射止めたということもあり、『レミゼ』ファンの方に注目して頂きました。『レミゼ』は準備期間がとても長く、本番の1年前から歌稽古やワークショップが始まります。僕も週に2〜3回、稽古に通う日々が始まりました。子役として活動していたとはいえ、当時の僕はほぼ素人です。『レミゼ』が好きで、一人で『レミゼ』が出来るぐらい歌を聴き込んではいましたが、プロとしてお芝居したり、相手の役者さんと掛け合うことは初めてです。そんな素人を帝劇の舞台に立たせるのだからと、早くからレッスンをさせて頂きました。

細かい演技指導を受け、歌のレッスンや、マリウス役だけ集まるワークショップなどを経て、やっと全体での稽古に入ります。稽古場には、僕が子供の頃からずっと見ていたミュージカル界のスーパースターがたくさん集まっていました。ジャン・バルジャン役は山口祐一郎さん、今井清隆さん、別所哲也さん、橋本さとしさん。ジャベール役が岡幸二郎さん、石川禅さん、今拓哉さん、阿部裕さん。他にも森公美子さんを始め凄い方達ばかりです。稽古場は帝国劇場の最上階。大きな鏡があり、鏡の前のソファーには大先輩方が座り、僕のように若い役者はみんな地べたに座っていました。メインキャストは一つの役につき4人ずついますから、アンサンブルも入れると100人近い。スタッフも入れると大所帯です。そして大先輩達が見ている中で、演出助手の方に「次、マリウスは山崎。コゼットは〇〇」と指名されると、前に出てみんなの前で芝居をするのです。演出家に見せるためではあるのですが、そこにいる全員が、お手並み拝見といった雰囲気で自分のことを見ています。人生で最も緊張した瞬間の一つでした。

とにかく人数が多いので、あまり個人レッスンの番が回ってきませんでした。そのため先輩達を見て、覚えて、必死で食らいつくしかありません。マリウス役の4人の中で一番年下の僕はもちろん4番手です。僕は出番が一番少なく、初日を迎えるのも4人の中で一番最後。『レミゼ』の現場は、怒鳴られることはない代わりに、出来なければ差がつき、置いていかれるだけ。それは怒鳴られることよりも恐ろしいことなのです。

『レミゼ』では、10年以上オーディションを受け続けてやっと受かったという方も少なくありません。一方で僕は、19歳の時に初めて受けたオーディションで運よく合格しましたが、ある時先輩に「お前達の芝居はお遊戯会みたいだ」と言われたこともありました。確かにそう言われても当然だったと思います。大人数で半年以上を一緒に過ごしたことで、カンパニーの中で最年少の自分はどういればいいのかを考え続けたのが、この『レミゼ』でした。

『レミゼ』はずっと夢に描いていた場所でしたが、プロの世界は想像以上に厳しい世界でした。公演が始まると、実力だけでなく人気や集客力なども見られます。ずっと夢に見ていた場所に立ってはいるものの実力不足も甚だしい。自分はまだ何も出来ないんだということを思い知らされました。

『レミゼ』の演出家であるジョン・ケアードがロンドンから来たのは、稽古の後半でした。彼の指導はとても斬新。一般的に演出家は「ダブルキャストの芝居をちゃんと見ろ」と言うものですが、ジョンには「自分と向き合いなさい」と繰り返し言われました。「他の役者のことは気にしなくていい。他の人のお芝居も見なくていい」と言い、僕は彼の「他の人と比べなくていい」という言葉に助けられ、とても気持ちが楽になったことを覚えています。

僕が演じたマリウスの代表曲に『カフェ・ソング』という歌があります。フランス革命のさなか、学生達で国を変えようと立ち上がるけれど、みんなは殺されてしまう。いつもみんなで集まっていたカフェでマリウスが客席に向かって歌うシーンでは、背後から20人近い学生達の亡霊がマリウスを見守っているという美しい演出があります。『カフェ・ソング』はオーディションの課題曲でしたし、マリウスの見せ場でもあるというのに、僕は稽古で何度歌っても上手く歌えずにいました。ある時、稽古場でジョンが、「イク、後ろを向いて歌ってごらん」と言いました。後ろを向くと学生役のみんなの目が飛び込んできました。それは、無念さ、悔しさ、未来への希望を願う力強い目で…、僕は涙が止まらなくなって歌えなくなってしまいました。「僕が君に知っていてほしいのは、これなんだよ」「役者の目に見えていればきっとお客様にも伝わる。今イクが見たこの景色を、見えるように歌えばいい。そしたらちゃんと伝わるから」とジョンが言ったのです。芝居とは何か、観る人の心を動かす芝居とは何かを僕に初めて教えてくれたのが、ジョン・ケアードでした。

ジョンには「そこに座っているだけでいい。ただ考えていて」と言われたこともありました。なぜ自分がここにいるのか自分が演技に悩んだ時、一度真っ白な状態にリセットすることですーっと体の力が抜け、感情が溢れ出てくることがありました。彼の指示通りに動くだけで、何か自分の中に新しい感情が生まれる。本当に驚かされました。ジョンは『レ・ミゼラブル』の初演を演出した、演劇の神様。彼の演出で、お客様が想像出来る空間を作ることを学びました。大人数だったこともあり、ジョンと長時間やりとり出来た訳ではありませんが、今でも僕の中には彼の教えが沢山残っています。

さて、いよいよ僕の『レミゼ』初日がやってきました。マリウス役4人の中で一番最後の登場です。他の役もそれぞれ4人ずついるため、一度も稽古で合わせられないまま本番を迎える方も

Memories
#1

IKUSABURO
YAMAZAKI

1歳半のころ。家族で遊びに行った時のショット

2歳のころ。自宅前の庭で

3歳。自宅でひな祭り。
うちは男兄弟しかいないのですが…

山崎四兄弟。僕は4歳くらい
意外に4人で写っている写真がないのです

たくさんいらっしゃいました。ジャン・バルジャン役の山口祐一郎さんとは、本番当日に舞台袖で初めてきちんとご挨拶した程。『レミゼ』はキャストが多かったので、この歌の時にはこの場所にいる、というように位置決めがきちんとされていました。そのルールの中で演じるのですが、僕は新人でしたから、やはり初めての方といきなりやるのは緊張しかありませんでした。

『レミゼ』には面白い特徴があります。ジャン・バルジャンとジャベールの二人以外は、どのキャストもアンサンブルとなり、他の役をいくつも演じます。僕もマリウスとしてステージに登場するまで、アンサンブルとしていくつもの役で舞台に登場しました。囚人、農夫、居酒屋の店員、浮浪者、労働者、ファンテーヌの工場の従業員、警察官、裁判官など。これは全世界共通『レミゼ』の伝統。僕も20〜30秒で衣裳替えをして、自分でメイクもして……ということを繰り返したあと、ようやくマリウスとして登場しました。そのお陰でマリウスとして舞台に立った時は、もうほとんど緊張はしていませんでした。

帝国劇場は、本当に不思議な空間です。パワースポットのような、独特の空気が漂っているように感じます。まるで霧がかかったように舞台の神様に見守られているような…。集中して舞台に出ていけるのです。そんなこともあり、マリウスとして初めてステージに出た時も、「念願のレミゼだ」などと考える間もなく、すっと作品に入っていくことが出来ました。当時はカーテンコールを数回終えたあとに、キャストは小さな花束を舞台から客席に投げることになっていました。花束を投げ終えてふと周りを見渡すと、みんなが『レミゼ』の衣裳を着ている。何故かその時にやっと、「ああ、僕は今『レミゼ』の舞台に立ってるんだ」と実感出来ました。

『レミゼ』では、僕に初めてファンが出来るという体験もありました。帝国劇場では終演後の楽屋出口にファンの方が待っていて下さるので、我々キャストはその方達と握手をしたりお話をするのが恒例です。僕が『レミゼ』の初日を終えて楽屋を出ると、数人の方が「ファンになりました」と言いに来て下さいました。一瞬なんのことなのかわからなくて、「ファン？ 僕の？」と思った程ですから、きっと凄く驚いていたのだと思います。お話をして、サインはまだなかったので名前を書いたことを覚えています。それから公演回数が増えるごとに、ファンの方が5人、10人、20人と増えていきました。最初に声をかけて下さった方達の顔は忘れられませんし、今でも応援して下さっています。ミュージカルファンの方達は、ただ応援するだけではなく、作品を愛し、勉強されている方が多いので、お手紙を読んで感心することばかり。いつも舞台に立つエネルギーを頂き、僕にとって大きな支えになっています。とても大切な存在です。

帝国劇場で3カ月、博多座で2カ月の計5カ月間、怪我なくステージに立ち続けることで、一歩一歩成長させて頂きました。「舞台上は、オーディション。毎回勝負なんだ」。プロデューサーや先輩方、事務所の方から教えて頂いたこの言葉は、今も大切に胸にしまっています。

クラシック・クロスオーバー・ユニット ESCOLTAへの後悔

『レ・ミゼラブル』の長い公演を終えたあとの2007年、僕はESCOLTAというユニットでCDデビューをしました。僕のことを昔から応援してくれている方の中には、僕がESCOLTAという4人組のボーカルグループにいたことをご存知の方も多いと思います。

当時、イギリスでデビューした4人組であるイル・ディーヴォが世界を席巻していました。彼らのコンサートを観て感動したレコード会社の音楽プロデューサーが「日本でも同じようなユニットを作りたい」と考えたのが、ESCOLTA結成のきっかけです。イル・ディーヴォは30代の男性歌手を集めましたが、日本では若い男性を4人集めることとなりました。そのオーディションを1年近くかけて行ない、3人が選ばれました。シンガーソングライターをしていた結城安浩君、東京藝術大学卒業後オペラ歌手として活動をしていたバリトンの吉武大地君、オペレッタなどにも出演していた声楽家の田代万里生君。しかしあとひとりがなかなか決まらなかった時、万里生君が僕に直接電話をかけてきました。僕は大学時代に一緒に市民オペラに出たことがあり、万里生君とは交流があったのです。「今ＥＳＣＯＬＴＡというグループのオーディションをやっているんだけど、是非イクに入ってほしい。絶対にぴったりだと思うから」と声を掛けてくれたのです。僕もその活動に興味を持ち当時の事務所の社長に相談をしたところ、事務所がレコード会社と話し合い、「山崎さんはミュージカルを優先に活動して頂いて構いません」と言って頂き、ＥＳＣＯＬＴＡのメンバーに加入することが決定しました。

レコード会社もＥＳＣＯＬＴＡに力を入れて下さって、デビュー曲の作詞は阿久悠さん。プロモーションが本格的に始まりましたが、僕がミュージカルに入るとＥＳＣＯＬＴＡの活動が出来なくなってしまうのが悩みでした。もっとＥＳＣＯＬＴＡの活動に力を入れて行きたいのに、僕が参加出来ないことでメンバーに迷惑をかけてしまう。ミュージカルの活動を一時休止して、半年ほどＥＳＣＯＬＴＡの活動に注力したこともあったのですが、そんな時に限ってＥＳＣＯＬＴＡの活動が止まってしまい、ミュージカルとＥＳＣＯＬＴＡとの両立の難しさの壁にぶち当たりました。

僕達は一所懸命でしたし、応援して下さるファンの方も沢山いらっしゃいましたが、今はどちらも中途半端になってしまっている。メンバーの3人にも迷惑をかけている。辛く苦しい決断でしたが、僕は一人脱退することになりました。僕の中で中途半端になってしまったことがずっと悔やまれ、本当に申し訳ないという思いでいっぱいでした。

ファンクラブイベントの際、僕からESCOLTAを抜けることを決めたことを伝えるのはとても辛いものでしたが、そこにいらした沢山のファンの方も泣いてくれました。「僕はミュージカルで夢を叶えて、みなさんに納得して頂けるように頑張ります」と。それが精一杯の言葉でした。いつの日かまた、『愛の流星群』を4人で歌える日が来るといいなと思っています。

「日本でオリジナルミュージカルを！」という夢の誕生

5カ月にも及ぶ『レ・ミゼラブル』の公演期間中、次の作品のオファーを頂くことが出来ました。博多座での『レミゼ』の千秋楽を終えた翌日に稽古に入ったのは、ホリプロミュージカルの『ハレルヤ！』。主演は川平慈英さん、演出は鈴木裕美さんでした。キャストはベテランの役者さんばかりで、若手は当時21歳の僕だけ。歌だけで表現した『レミゼ』に対し、『ハレルヤ！』はセリフの多い作品でした。普通に喋るお芝居にまだ慣れていなかった僕は、このミュージカルの稽古でコテンパンに。僕がひと言喋るだけで、裕美さんに「違う」と止められ、何度やっても裕美さんはため息ばかり。葛藤の日々が続きましたが、本番直前のゲネプロを終えた時にやっと裕美さんからＯＫ!! を頂きました。『レミゼ』も『ハレルヤ！』も、結局は自分との戦いでした。僕はずっと野球をしていたので、怒鳴られること自体は免疫があるのですが、演技の未熟さの指摘を受け罵倒された時は悩み苦しみました。自分に負けたくないからついていくしかなく、もっともっと上手くなりたい!! と。厳しく指導をして下さった裕美さんには本当に感謝しています。今でも慈英さんには笑い話にされていますけれど。

その次に出演が決まったのは『サ・ビ・タ〜雨が運んだ愛〜』という、韓国ミュージカルの日本公演。この作品は僕に大きな衝撃を与えました。

韓国・ソウルの大学路（テハンノ）はたくさん小劇場がある、日本でいう下北沢みたいなエリア。そこでは韓国のオリジナルミュージカルをあちらこちらで上演されていて、しかも若者達が脚本、演出、音楽まで全てを手がけるオリジナルの作品ばかり。ミュージカルを作っているカンパニーが何百も存在し、争うように新しい作品が生まれているのだそうです。その中でも当時圧倒的に人気だったのが『サ・ビ・タ』。原題は『愛は雨に乗って』という、登場人物3人だけのミュージカルです。この作品が韓国で2千回以上上演され、チケットは常に完売。韓国の小劇場界ではトップと言っていい作品でした。その『サ・ビ・タ』を韓国で観て感動した東宝の方から、日本でもやることにしたので是非出演してほしいというオファーを頂けて。キャストは僕と駒田一さん、原田夏希さんの3人。当時、韓国のオリジナル舞台が海外に進出することは初めてだったため、韓国メディアも日本公演のことを大きく取り上げて下さいました。僕達も韓国に渡り、ソウルの舞台に上がっての制作発表をさせて頂いたりと新しいことをたくさん経験したのですが、中でも韓国の演劇界の盛り上がりは、僕にとって大きな衝撃となりました。

まずは現地でオリジナルの『サ・ビ・タ』を観せて頂いたのですが、劇場に入ると、まるでライブハウスのような熱気に包まれているのです。お客さんは若い方が多く、みなさんがワイワイと楽しそうに待っていらっしゃる。僕達も席に着いて始まるのを待っていたのですが、役者がステージに出てくると、お客さん達はワーッと拍手と歓声で迎え、演劇というよりまさにバンドのライブのようなのです。独自の演劇の楽しみ方に感動したことを覚えています。

公演後、韓国のミュージカル俳優の方達と食事に行ったのですが、そこでも驚かされました。「僕達も日本と同じように『レ・ミゼラブル』や『ミス・サイゴン』などのブロードウェイやウエストエンド作品が大好きです。でも一番やりたいのは、韓国オリジナル作品。これを世界に広めたいんです」とひとりの方がおっしゃって、そこにいる全員が同じ意見でした。韓国の国民性もあるのだと思いますが、オリジナル作品を世界に広めるという大きな夢を掲げ、その結果、『サ・ビ・タ』が第1号となったのです。そして今では数え切れない数の韓国ミュージカルが日本に旅立ち、『ブラック メリーポピンズ』や『スリル・ミー』といった韓国ミュージカルが日本で大ヒットしたことも記憶に新しいですよね。

このことで僕は、オリジナル作品の強さを思い知りました。日本でミュージカルやオペラといったら、静かに鑑賞して、周りを気にして拍手する。でも韓国のミュージカルは「これは僕達のオリジナル作品なんだ。どう観るのか僕達が決めていいんだよ」というスタンス。オリジナルという強みが韓国ミュージカル界の盛り上がりに繋がっていると思ったのです。この体験があったので、僕はずっと「日本でオリジナルミュージカルを成功させたい」と言い続けています。

ソウルの稽古場を見学させて頂いたのですが、体育館ぐらいの広さがありました。そんな稽古場がたくさんあるエリアがあって、ミュージカルを創る人なら誰もが手軽に借りられるそうです。韓国は映画にドラマ、演劇、K－POPなど、芸術やエンターテインメントを国がバックアップしているのです。日本でもオリジナルミュージカルを作ろうとしていた方達がいて、それが僕が所属していた芸能事務所でした。舞台制作も行なっていたのですが結局、倒産の憂き目にあってしまいました。こうやって演劇の世界で新しい挑戦をしている人達が夢破れてしまうことを、僕は残念に思っています。この時の体験が、日本のミュージカルは世界からどう見られているんだろう、と考えるようになったきっかけでもありました。

先輩達に恵まれ、学ぶことが出来た20代前半の貴重な日々

鹿賀丈史さんと市村正親さん主演のミュージカル『ラ・カージュ・オ・フォール』では、お二人が演じるゲイのカップルに育てられた息子の役を演じました。当時は息子役ということで、鹿賀さんと市村さんにとても可愛がって頂きました。僕は人との出会いに恵まれているのですが、特に20代前半の時期に素晴らしい先輩方と出会えたことは、僕の人生における宝です。お芝居に対する思い、生き方、ミュージカルに対する考えを直接聞くことが出来るので、何かあれば相談し、常に教わることを意識していました。

その頃は21歳。ミュージカル俳優としての余裕なんてまだありません。何より自分が納得出来るレベルに達していませんでした。与えられた台本と歌に向き合うことだけに集中し、本番の歌を毎公演録音して、自分の歌を聴き直していました。「若いのに素晴らしいね」と言われたこともありましたが、その「若いのに」が通用しなくなる日がいつか来る、自分を必死で追い込んで、先輩達に喰らいつかなきゃと焦っていた程でした。幸いにも素晴らしい先輩方に最高

のお手本を見せて頂けているという環境に、僕は恵まれていると実感します。

その後は、舞台『パッチギ！』で初めてのストレートプレイも経験させて頂きました。歌のないストレートプレイに出ることは、この作品が初めてでした。映画版の監督でもある井筒和幸さんが舞台版も参加されたのですが、この作品も自分にとって大きな経験になりました。歌がないことで喉への意識が減り、とてもリラックスした気持ちで作品に臨むことが出来ました し、京都弁のセリフも思いきって楽しむことが出来たのです。井筒監督にもお褒めの言葉を頂き、お芝居の楽しさを感じた瞬間でした。その次は、木の実ナナさん主演のオフブロードウェイミュージカル『イカれた主婦』。主婦達がパンクバンドのコンテストに出るはずが出られなくなり、息子や夫など男達が女装して出ることになるというコメディミュージカルで、ギタリストのROLLYさん、川﨑麻世さん、陰山泰さん、そして僕の4人が女装しました。キャストは女性4名、男性4名の8名だけなので、男性4人はいつも楽屋が一緒。このお兄様方にも凄く可愛がって頂きました。ROLLYさんは「君みたいな男性に出会ったことはないよ、是非息子にしたい！」なんて言って下さって。当時事務所が一緒だった木の実ナナさんは、僕を家族のように思ってくれていました。今でもこの時のキャストの皆さんには良くして頂いていますが、優しく、素敵な先輩方の存在がいつも支えになっていました。

夢見ていた帝国劇場初主演。「モーツァルト！」で知った主演の重圧

2010年。オーディションを経て、帝国劇場で上演される『モーツァルト！』の主演ヴォルフガング・モーツァルト役に選んで頂きました。この役は僕がミュージカル俳優として長らく目指してきた、大きな役のひとつです。それまでヴォルフガング役は井上芳雄さんと中川晃教さんが演じてこられたのですが、卒業する中川さんの代わりとして僕を選んで頂けたのです。芳雄さんは僕にとって7歳先輩、高校生の頃から見てきた憧れの人。芳雄さんと一緒に出演することは僕にとっての大きな目標でもありました。

いざ稽古が始まってみると、僕以外のメンバーはほぼみなさん再演なので、稽古はとてもシンプルなものでした。ヴォルフガング役の芳雄さんはもちろん、父親であるレオポルト役の市村正親さん、コロレド大司教役の山口祐一郎さんなど皆さん再演。ゼロから作っていく必要があるのは僕ひとりだけでした。しかし主演ということもあり、セリフと歌の量は膨大です。稽古で台本に書き込んでいると、「はい次のシーンに行きます」と次に移っていく。ひとりで居残

り練習をしたり、自宅で何度も復習したりしながら、皆さんに追いつけないという恐怖を感じていました。帝国劇場に主演として立つのは、23歳の僕にとって人生最大の試練でした。

主演に選ばれた時、東宝の方から帝劇で主演をやるということがどれだけ大きなことかというお話をして頂きました。「森光子さん、松本幸四郎さん、市村正親さん。これらの名前の中に山崎さんも入るんです」と。「帝劇で主演をやれる人は本当に限られた人なんです」「その覚悟でやってほしい」という言葉が重くのしかかりました。それから主演を務めるということがどのような意味を持つのか、考えるようになりました。

稽古では、演出の小池修一郎先生から「市村さんが主役にしか見えない」とも言われていましたし、主演としての気持ちも技術も、全然追いついていないのです。作品、スタッフ、カンパニー、全てを背負っているのが主演俳優。みんながついていきたい、と思える役者でいなければいけない。そう思った時に現場にいらっしゃった、市村正親さん、山口祐一郎さん、涼風真世さん、井上芳雄さん、ミュージカルで主演を務めてきた方々を心から尊敬しました。改めて偉大な方だということを認識させて頂きました。ヴォルフガングという役は、僕のミュージカル人生で一番のピンチであり、一番の大きなチャンス。自分との戦いでした。

重圧に潰れそうになっている僕を助けてくれたのは、ヴォルフガング・モーツァルトその人でした。彼は幼い頃から神童と呼ばれ、音楽の才能に溢れていました。本当は一人の人間として生きたかったけれど、才能を持って生まれたことで、音楽家として生きる以外は許されなかった。自分の才能から逃れられないまま、葛藤しながら生きた芸術家だったのです。いつしか父や姉、妻までもが彼から離れていき、最期は浮浪者などと一緒に公園の共同墓地に葬られたため、遺骨は残っていません。35歳という若さで亡くなった、生涯ずっと孤独だった人。そんな彼の「僕は僕でしかないんだ。ありのままの僕を愛してほしい」というセリフに、僕は気付かされました。僕は彼のような才能はないけれど、彼の言葉や気持ちにならう近づけるのではと思ったのです。彼の〝生き方〟のお陰で『モーツァルト!』という作品をやりきることが出来たと思っています。

自分の実力や経験より上のレベルを求められると、苦しいし逃げたくなります。でも「今出来る全てをぶつけるんだ」と自分に言い聞かせながら役に向き合ってきました。何カ月間も毎日約2000人の前で歌い、演じる。自分を奮い立たせながら演じているうちに、少しずつ少しずつ気持ちが強くなっていきました。その繰り返しで俳優として、また人として成長出来て、僕は今日までやってこられたのだと思っています。楽なところにいたら、僕はきっと変わらなかったでしょう。時には厳しく、時には見守り、細やかなアドバイスを下さった周りの先輩の方達には本当に感謝の気持ちで一杯です。

そんな尊敬する先輩方の存在が今の僕を作っています。例えば市村正親さんは、「今日もよろしくな！」「みんな行くぞ！」と声を掛けながらカンパニー全体に気を配り、ステージに出れば圧倒的な表現で観客を魅了する。いつどんな時でもカンパニーを背負って立つんだという意識で毎日の生活をされている。そんな市村さんだからこそ、「エネルギーがある人だな」「元気をもらえました」と言われるのではないでしょうか。市村さんを始めとするパワフルな先輩達の背中を見ているうちに、僕も前向きにポジティブに、「よし！」と思える精神力を持つことが出来たのだと思います。

『モーツァルト！』の初日のカーテンコールの時、僕は思わず「怖かった……」と舞台上で泣いてしまいました。その時、客席にいる僕のファンの方達も泣いているのがわかりました。僕がどれだけ強い思いで初日を迎えたか、長く応援して下さっているファンの方達はわかって下さっていたのです。人生における大切な瞬間をファンの方達と共有出来たあの感動は、今でも鮮やかによみがえります。

最年少からリーダーに。
ミュージカルの面白さを広めるという新たな課題

『モーツァルト!』で主演をやらせて頂いたことで、今度は主演のオファーを多く頂けるようになりました。先輩から、「若いうちから主演ばかり演じていると、あとで苦しくなるよ」というアドバイスも頂きましたが、次にやることになったのは『ロミオ&ジュリエット』、通称『ロミジュリ』のロミオ役。『モーツァルト!』の演出をされていた小池修一郎先生からの指名でした。これにはちょっとしたエピソードがあるのです。ある日、小池先生から「個人的に歌ってほしい曲がある」と連絡があり、指定されたスタジオに伺うと、小池先生と音楽監督がいらっしゃいました。「これを歌ってくれないか」と渡されたのが、『ロミジュリ』楽曲の譜面。歌い終えると小池先生が「ロミオをやるか」とひと言。日本での初演に、主演として選んで頂いた瞬間でした。

『モーツァルト!』の稽古で僕は小池先生からこっぴどく叩かれていたので、「もう僕は小池先生から呼ばれないのだろうな」と思っていました。しかし初日を終えたあと、舞台袖にはけた僕を涙目になりながら思いきり抱きしめてくれました。先生も、こんな僕をヴォルフガング役に抜擢したことを、どこかで不安に思っていたのだと思います。そんな苦しみを共有していたから、『ロミジュリ』で再び小池先生とご一緒出来ることになり、本当に嬉しかったです。そして『ロミジュリ』で小池先生は、僕にまた違う課題を与えて下さいました。

『ロミオ&ジュリエット』は、若いキャストが多い作品です。ミュージカルの現場ではいつも最年少だった僕が、ここでは座長。ジュリエット役の女性二人も新人。僕とWキャストの城田優君の二人で現場を引っ張っていくことになりました。何をしたかというと、まずは稽古場の雰囲気作りから。僕はそれまでずっとベテランの方達の中で稽古をしてきましたが、必要以上に緊張感のある現場が凄く苦しかったのです。そこで『ロミジュリ』では余計な緊張感を感じさせないよう、僕と優君が率先して明るくいることを心掛けていました。

理想としたのは、みんながリラックス出来る、裸になれる稽古場です。『レ・ミゼラブル』演出のジョン・ケアードのやり方を思い出しながら、無駄な緊張感を作らないように心掛けました。僕は野球をやっていましたから、日本においての上下関係が重要視されることもわかっていますが、僕と優君は、若手俳優が集まっているこの場所を、みんながのびのび表現出来る場にしたいと考えました。優君と一緒に、カンパニーを部活のような空気で作れた作品でした。

実はこのあとに『ロミジュリ』の再演が決まり、僕は再びロミオを演じるつもりでいましたが、先に出演が決まっていた『レミゼ』と公演期間が重なってしまいました。なんとか両方の舞台に立つことは出来ないか検討して頂いたのですが、ミュージカル界では、ひとりの役者が同時期に二つの舞台に立つことはタブーとされていました。そこで話し合いが持たれた結果、僕は先に決まっていた『レミゼ』に出演することになったのです。『ロミジュリ』の再演に出られなくなり落ち込んでいた僕に、小池先生が長いメールを下さいました。「私も一緒にやりたかった。また一緒にやろうな」という内容だったのですが、そのお気持ちがとても嬉しくて。役や作品との出会いは、タイミングと運命だと思うようになったのも、この頃から。その運命を受け入れて出演することで、作品により愛着が湧くようにもなりました。

次にお話を頂いたのが、『コーヒープリンス1号店』の主演。今は『ミュージカル テニスの王子様』などでお馴染みのネルケプランニングさんとの初めてのお仕事でした。相手役は、今や大人気の高畑充希ちゃん。男だと思っていたのに実は女の子だったという設定の韓国の大ヒットドラマが原作ですが、テーマ曲はあの槇原敬之さんによる書き下ろし、脚本はオリジナルということが嬉しくて、「そうなんだよ、僕がやりたかったオリジナル作品はこれなんだよ」と凄く燃えていました。それまで異国の青年を演じることが多かった僕にとって、現代劇で等身大の若者を演じることは新鮮でしたし、充希もお芝居が大好きなので、二人で本読みをしながら一緒に役を作っていくのが楽しくて仕方がありませんでした。

実はこの『コーヒープリンス』では、初めて喉を潰してしまうという体験がありました。僕が演じたのは、韓国人の青年ハンギョル。怒りっぽいキャラクターだったので、稽古を重ねるうちに喉を酷使していたのです。通し稽古の時に高熱が出てしまい、ふらふらになりながらも通し稽古をしていたら、声が全く出なくなってしまいました。すぐに病院で診てもらったところ喉が炎症を起こしていたのですが、本番は2日後です。処方された薬を飲んで注射して、なんとか声は出るようになったのですが、最悪な状況でした。しかし、このピンチが僕の大きな転機にもなりました。思うように声が出ないので、「芝居歌」に変えたのです。

見た方から「声は大丈夫なの?」という声もありましたが、同時に「感情が声に乗っていた」という感想も頂きました。それまでの僕は、発声や声の伸び、響く場所などを常に気にしながら歌っていました。しかし『コーヒープリンス』ではそれを意識出来なくなったことがプラスに運んだのだと思います。その後のミュージカル俳優としての自分に大きなヒントになった出来事でした。

『ミス・サイゴン』演出家
ダレン・ヤップとの運命の出会い

薬を飲みながら『コーヒープリンス1号店』の全公演を終え、千秋楽の翌日から次の舞台の『ミス・サイゴン』の稽古に入りました。演出は中国系オーストラリア人のダレン・ヤップ。彼との出会いは、僕のミュージカル人生に大変大きな影響を与えるものとなりました。２０１２年のことです。

まず、ダレンはいつも稽古の前に、みんなで手を繋いで円を作りました。「今日はこのシーンをやる。何が目的で、みんなは何のためにここにいるのかを確認しよう」と。ベテランの市村正親さんからアンサンブルの若手まで、みんなひと言ずつ言っていきます。みんながそのシーンの意味を共有してから稽古をスタートさせる。これだけで芝居がスムーズに繋がっていくことには驚きました。毎日稽古場に行くのが楽しみで仕方ないなんて、こんな経験は初めてでした。演出家ダレンの魔法にかけられた感覚。

僕が演じたのは、アメリカ兵のクリス。ヒロインであるベトナム人の少女キムと、売春バーで出会います。クリスはベトナム戦争に派遣されている米兵で、酒も飲むしタバコも吸う男。クリスはベトナム人のキムをお金で買い、二人は肉体関係を結びます。クリスはベッドから出て体の汗を拭き、銃のベルトをはめつつ、階段に寄りかかりながら『Ｗｈｙ Ｇｏｄ、Ｗｈｙ?』という歌を歌います。「神様、なぜ俺にこんな思いをさせたんだ。この気持ちはなんなんだ……」という歌詞です。キムを好きになってしまったことを、神様だけに吐露する名シーン。ダレンは『ミス・サイゴン』を完全にお芝居として捉えている方なので、このシーンをやるにあたり、クリスの立ち方や歩き方など細かい心情も丁寧にディレクションしてくれました。アメリカ兵らしくポケットに手を入れて、常にだらしない感じ。タバコを吸いながら階段に寄りかかり、神様に中指を立てるように歌ってほしいと。「日本人にはない感覚かもしれないけど、僕達にとって神様は友達のように距離が近い存在なんだ」と。だから「ふざけんじゃねえ、お前のせいでなんで俺がこんな気持ちになるんだ」クリスの苛立ちを表現してほしいと演出されました。

クリスとキムのデュエット曲『サン・アンド・ムーン』。それまでの『ミス・サイゴン』では、二人が横に並び、客席に向かって歌っていました。しかしダレンはこの歌のシーンで、クリスの膝にキムを乗せ、向かい合ってキスをするような距離感で歌う演出をつけました。言うなれば二人でベッドに入っているような、体をまさぐり合うような感じで歌うのです。月を見る時だけ客席を見るけれど、あとはずっと二人で向かい合う。ダレンは、「観客にとってこれほど深く届くものはない」「相手との関係性だけで芝居をすればいい、観客はそれを覗いているだけなんだよ」とおっしゃいましたが、この体勢でデュエットを1曲歌うということは、僕は初めてのことでした。

結局、クリスは強制的にヘリコプターでアメリカに強制送還させられ、除隊後の多くの兵士がなりがちなPTSD（強烈なショック体験が心の傷となり時間が経っても恐怖心から逃れられない）という病気になってしまいます。病気を治療しながら、クリスは幼馴染みのエレンと結婚をします。しかしベトナムに残したキムが忘れられないクリスは、エレンと一緒にベトナムにキムを探しに行きます。一方、ベトナムに残されたキムのお腹には彼との子供が出来ていました。ベトナムに戻ったクリスが初めて妻のエレンに、自分がベトナム戦争で経験したことを涙ながらに歌うシーンがあるのですが、その表現がとても難しく僕は悩んでしまいました。そんな僕にダレンは、クリスがそれまでどんな思いをしていたか、泣きながら話してくれました。通訳さんも泣いてしまった程の、あまりに辛い心情です。そうやって全ての役者に対し、全身全霊で向き合う。そんな演出家に出会ったのは初めてでした。

ダレンは元々役者でした。彼自身も『ミス・サイゴン』のロンドン公演で、キムと結婚するはずだったトゥイという役を演じていました。しかしその後は役者を辞め、今は演出を専門にされています。「役者は本当に心が繊細なんだ。日本のカンパニーに心のケアをしてくれるカウンセラーがいないことは大問題だ」とおっしゃっていました。役者は作品の中で心が乱され、泣いたりわめいたりすることもある仕事。だからダレンはとにかく役者の心を一番に考え、怒鳴ることはありませんでした。みんなを認め、信じ、必ず笑顔でいい方向に導いていく。その頃の僕は、自分がミュージカル界でどうあればいいのかを考え始めていました。「僕もダレンのように生きたい。いつか僕が40歳、50歳になって子供達や後輩に指導する機会があったら、ダレンのような愛情を持った指導者になりたい」と思うようになりました。

いまだに芝居で迷うと、ダレンの言葉を思い出します。「こんな時、ダレンだったらこう言うだろうな」と考えることもあります。僕は今、ミュージカル俳優として何千人もの人の前で歌ったり演じたりしていますが、全く緊張をしていないというと嘘になります。そんな役者の心に常に寄り添ってくれる演出家がダレンでした。いつかまたダレンの演出を受けるのが僕の夢ですが、現在、ダレンは『ミス・サイゴン』の演出をしていません。いつか自分でオリジナルのミュージカルを作り、ダレンを演出家として迎えたいという夢があります。

一人では出来ないことも3人なら出来る。

スペシャルユニットＳｔａｒＳ

現在も活動を続けているのが、井上芳雄さん、浦井健治さん、僕というミュージカル俳優3人で結成しているユニット〝ＳｔａｒＳ〟です。最近はＳｔａｒＳとしてバラエティー番組に出演することもあり、福田雄一さんが脚本・演出する番組『トライベッカ』（ＷＯＷＯＷ）はＳｔａｒＳの冠番組として放映中ですので、ご覧になったことがある方もいるかもしれません。

ＳｔａｒＳ結成のきっかけとなったのは、帝国劇場が開館100周年という記念すべき年を迎えた2011年のことでした。芳雄さんがミュージカル界で頑張っている若手と座談会をするという企画で、健ちゃんと僕を指名して下さったのです。それまで芳雄さん、健ちゃんとそれぞれ共演する機会はありましたが、この3人で集まったのは初めてのことでした。その座談会の時に芳雄さんが3人で並んだ姿を鏡で見て、「並びがいいね」と話していました。それを受けて僕が「3人で何かやったら面白いですね」と言い、健ちゃんも「いいね、やりたいね」と言ってくれました。おそらくその時は誰も本気にはしていなかったと思いますが、その後二人に僕からメールをしました。「この間のユニットの話、本当にやってみませんか?」と。何度も声を掛けました。僕は、この3人なら絶対に画期的なことが出来ると思ったのです。

3人とも事務所が違うので、スケジュール調整などは僕の事務所の社長がリーダーシップを取ってくれることとなりました。まず最初の活動は2013年にミニアルバムをリリース。更に東京・渋谷の東急シアターオーブを皮切りに、神奈川、名古屋、福岡、大阪と全国ツアーを行ないました。チケットは完売で、ツアーもとても好評。一人では出来ないことでも3人なら出来るんだ、と実感した僕達は、感謝の気持ちを込めてもうワンステージやろうと、追加公演として日本武道館でもやりたいという意見が出ました。「ファンのみなさんを驚かせたい」という3人の思いから生まれたのが、その年の11月に行なったあの武道館コンサートだったのです。

お客様はミュージカルファンの方が多かったので、コンサートの制作も普段ミュージカルを作っている会社にお願いをしました。演出や振付、衣裳、バンドメンバーなども、「この方達に是非やってほしい」と僕達が考えるプロフェッショナルの方達にお願いをして。これまでずっと僕達と同じフィールドでご一緒してきた方達と、StarSを作っていこうと考えたのです。そして僕達はというと、来て下さる方達が楽しめることだけを考えました。

武道館のチケットは完売。立ち見席も追加され、コンサートは大成功に終わりました。何かお礼をしたいとずっと考えていた僕達は、武道館に来て下さったお客様全員に3人のサインをプレゼントするという企画を実行することにしました。発案はよかったのですがその準備は想像をはるかに超えるもので、舞台公演の合間に楽屋でひたすら色紙にサインをする毎日。常に色紙の入った段ボールが10箱ぐらいあるような状況です。地方公演の合間も外出することなく、ホテルでずっとサインを書いていました。すでに芳雄さんと健ちゃんが書き終えた色紙で僕がミスをしてしまうと、その色紙はもう使えません。慎重に、でもひたすらに、合計で1万2千枚程書きました。僕らの想いを伝えるために必死でした。

〝夢を叶える〟それがＳｔａｒＳなのだと思います。それを更に確信したのが、コント番組の『トライベッカ』でした。

武道館コンサート以降はＳｔａｒＳの活動が出来ずにいたのですが、何かやりたい、何が出来るのだろうかと考えていました。そんな中、ミュージカルが好きだという演出家の福田雄一さんと出会って交流を重ねるうちに、「福田さんに何かやって頂くというのはどうだろう」というアイデアが出たのです。ミュージカルというジャンルは、知らない方からするとどこか敷居が高く思えるものですが、福田さんは型にはまらない演出家です。いつも、どうしたら面白いものを表現出来るかを常に考えていらっしゃる。ミュージカルが大好きで、僕達3人の作品も観て下さっている程のミュージカルファン。誰も見たことのないＳｔａｒＳ、誰もやったことのない番組をコンセプトにしたかったので、演出を福田さんに引き受けて頂けたのは本当に嬉しいことでした。

僕は子供の頃からお笑い番組が大好きです。ダウンタウンさんの番組や、コント番組の『リチャードホール』が特に好きで、何度も繰り返し観ていた程でした。コントって芝居のようでいてちょっと違う。見せ方や間の取り方ひとつで、面白さが格段に変わるのだろうと思っていましたから、『トライベッカ』でコメディーに初めてチャレンジ出来ることを、僕はとてもワクワクしていました。

演出面では、福田さんの自由なやり方に驚かされました。台本はあるけれど、みんながリラックスしてのびのびと出来る雰囲気を作り、自由にやらせて下さるのです。笑えるかどうかの判断は福田さんにお任せ。福田さんがモニターを見ながら大笑いされているのを見て、「よかった、OKだったのかな」とわかる。誰も怒鳴らず、ピリピリとした空気にならない。みんなが楽しみながら作る。福田さんのそういうやり方は僕も大賛成。「遊びに来るように気楽に収録に来てほしい」という福田さんの言葉に、全てが詰まっているように思います。

いざ『トライベッカ』でコントをやってみると、演じる側としても発見がありました。コントって、芝居を超えるようなものを表す必要がある。そのためには自分自身をさらけ出さないと絶対に面白くならないのです。福田さんも僕達にそれを求めていますし、求めて下さるのならやってみようという気になる。僕の役柄は3人の中で一番突き抜けていることが多くて、後半になるにつれて更にその度合いが増していきました。コントって、見ていると凄く面白いけど、作る側は全力のエネルギーを注入しているんですよね。福田さんは「普段のＳｔａｒＳが見せていないもの、壊れたぐらいのＳｔａｒＳを見せてほしい」と繰り返しおっしゃっていました。僕達が全力でコントを作り、観て下さる皆さんが大笑いしてくれることが、また次の笑いに繋がるのだと思います。

所属事務所、突然の倒産

2007年に『レ・ミゼラブル』でのデビューから僕のマネージメントをしてくれていた事務所は、舞台制作も行なっていて、僕が出演した作品の中では、2008年の『サ・ビ・タ～雨が運んだ愛～』や2010年の『イカれた主婦』などを制作していました。

2013年、藤谷治さんのベストセラーを原作にした交響劇『船に乗れ!』という作品も同様で、僕は主演を務めました。音楽高校のオーケストラの物語で、同じ音楽高校出身である僕も大きな縁を感じた作品。東邦音大附属東邦高校で同級生だったチェリストの友人や東京音大の後輩達も出演してくれて、出演者が楽器も演奏するという、画期的な舞台でした。

しかし『船に乗れ!』の公演が終わった1カ月後の2014年1月、僕は突然事務所の社長からホテルに呼び出されました。なぜ事務所ではなくホテルなんだろうと思いながら指定された場所に入ると、そこにいらっしゃったのは社長と副社長だけ。いつもと違う空気を感じながら話を聞くと、会社としての事業を停止して破産申請に入る。「事務所が倒産する」ということでした。先月まで『船に乗れ!』を上演し、作品的には大成功に終わったばかりだったので、そんな話をすぐに信じられるはずがありません。なぜこのようなことになってしまったのかその経緯を話して頂きましたが、もうどうすることも出来ません。いつもパワフルだった社長が、その時ばかりは落ち込んで小さく見え、デビューからずっと一緒にやってきて、ＳｔａｒＳの活動も取り仕切ってくれていた方ですから、社長のことが何よりも心配になりました。今の僕があるのも、これまで二人三脚で一緒にやってきた社長のお陰だと思っています。

その時点で次の出演作品は決まっていたので、急いで事務所を探さなくてもいいのではと考え、僕はマネージャーをつけずまずはひとりで活動してみることにしました。いくつかの事務所からお声掛けも頂いていたのですが、すぐに次の事務所を決める余裕がなかったというのが一番の理由です。仕事用の携帯電話を持ち、それまで担当して下さっていたマネージャーさんから仕事先の連絡先を全て教えてもらい、仕事や取材の連絡を受ける作業を数カ月間、自分でやってみました。

一人でやっている間は、色んな事務所の方にも会ってお話をさせて頂きました。知り合いの役者さんが直接「うちにおいでよ」と言って下さったことも。稽古や仕事をしている合間に、声を掛けて下さった芸能事務所の方達一人一人ずつにお会いして、みなさんからしっかりとお話を聞いて。その中で出会ったのが、今の所属事務所の方でした。何度も何度も連絡を下さいました。僕はＳｔａｒＳを始めたきっかけと同じ様に、ミュージカルに出演すること以外の活動の場を広げたいという気持ちがありました。そんな想いを理解して下さって「私達と一緒にやっていきましょう」と何度も僕に会うために足を運んで下さった熱意を有り難く受け止め、悩んだ末に今の事務所にお世話になることを決断しました。その後は、お声掛け下さった方達に一人ずつお断りの気持ちを伝えました。お断りするというのは大変心苦しかったのですが、納得して頂けるよう誠意を込めてお話しさせて頂きました。今後はこの方達に「山崎頑張ってるな」と思ってもらえるような仕事をしていかなくてはならない。仕事に対しての姿勢を改めて考えることが出来た、貴重な体験でした。

山崎育三郎って
どんな人？

小池修一郎
井上芳雄
浦井健治
髙橋大輔
山崎軍団

小池修一郎（演出家）

Photo by Leslie Kee

最初に育三郎に会った時はまだ学生で「坊や」という印象でした。『エリザベート』のルドルフ役のオーディションで見送ったこともありましたが、その後『レ・ミゼラブル』のマリウス役で頭角を現し「成長したな」と思っていたので、2010年の『モーツァルト！』のオーディションに呼び即決定しました。同じ頃、『ロミオ&ジュリエット』のオーディションがありましたが、その前に育で行こうと決めていました。一途で熱っぽい歌唱がロミオ役にピッタリでしたから。期待通り、若さと情熱が溢れるロミオ像を見せてくれました。

新生『エリザベート』を作るにあたり、その「熱っぽさ」を活かそう

こいけ・しゅういちろう
宝塚歌劇団理事・演出家。慶応義塾大学卒業後、1977年宝塚歌劇団に入団。1986年『ヴァレンチノ』の作・演出でデビュー。1991年『華麗なるギャツビー』で菊田一夫演劇賞受賞。1996年、潤色・訳詞・演出を務めた『エリザベート』は高い評価を受けて再演を重ね、東宝版『エリザベート』(2000年?)、『モーツァルト!』(2002年?)も大成功を収める。読売演劇賞、千田是也賞、文部科学大臣賞、菊田一夫演劇大賞等々受賞。2014年春には紫綬褒章を受章。最近の話題作品は、2015年の『1789?バスティーユの恋人たち?』(月組)、2016年は『るろうに剣心』(雪組)、東宝版『1789?バスティーユの恋人たち?』の他、6月にソウルで開幕した韓国版『モーツァルト!』の演出を手掛けている。宝塚歌劇のみならず、現代日本のミュージカル界を代表する演出家である。

とルキーニ役を依頼しました。髭がよく似合って、危ない男キャラで新生面を開いたと思っています。その後テレビでも悪い役で個性を発揮しているので、我が意を得たりです。

2010年の『モーツァルト!』稽古開始前に、(同じヴォルフガング・モーツァルト役の)井上芳雄に引き合わせるために三人でモーツァルトの伝記映画を観に行くことにしたのですが、「僕が車でお迎えに参ります」と言ったクセに寝坊して、我々はシッカリ1時間待たされました。愛すべき三男坊です。

井上芳雄（俳優）

いのうえ・よしお
1979年7月6日生まれ。福岡県出身。2000年、大学在学中にミュージカル『エリザベート』のルドルフ役で鮮烈デビュー。高い歌唱力と存在感が評価され、以降、ミュージカルのほかストレートプレイにも積極的に出演する。音楽活動も意欲的に行なうほか、近年は映画、テレビにも活動の場を広げている。杉村春子賞、菊田一夫演劇賞、読売演劇大賞最優秀男優賞など多数受賞。

育三郎と初めて共演したのは、2010年の『モーツァルト！』でした。再演のキャストばかりの中で育三郎だけが新しく入ってきたキャストだったから、彼は大変だったと思います。僕はその前からヴォルフガング役をやっていたので、ステージ上の動きなどのアドバイスはさせてもらったけど、同じようにやってほしいとは思わなかったし、育三郎のヴォルフガングはまさに新しい魅力に満ちていたと思います。

育三郎の最初の頃の印象は、〝自分の世界をしっかり持っている役者〟。稽古でも序盤から「こうしたほうがいいと思うんです」と、自分の意見をはっきり言っていました。それは諸刃の剣にもなるので、時には誤解されることもあるけど、自分の意見を持っていることは凄くいいことだと思うんです。だから育三郎って、意外と泣き言も言うんですよ。「これは出来ないです」と素直に言って、交渉して、やると決めたらしっかり仕上げる。その責任感は年々強くなっているように思います。

育三郎は、男兄弟で育ったからかとても甘え上手で頼り上手。『モーツァルト！』でも困った時は、「相談に乗ってほしいんです」と聞きに来ていました。いつも甘えてくる訳ではなく、ここぞという時に真剣に聞きに来てくれる。こちらも頼られると悪い気はしないし、真剣なんだなというのが伝わってきました。

それに育三郎は行動派ですよね。StarS結成前も、僕や浦井君は「3人でやれたらいいね」とは言っていたけど、なかなか動けなかった。StarSが形になったのは、育三郎が率先して行動したお陰です。StarSの活動が始まった頃は気を使っていたところもあったかもしれないですが、今では積極的に前に出るようになっていますよ。

色んなドラマに出たり、俳優として様々な役にチャレンジをしているからか、どんどんと変化している。ああ、人ってこうやってたくましくなっていくんだな、と思いました。僕も昔、先輩から同じようなことを言われたことがあるのですが、「ただ必死でやっているだけ。自分ではよくわからない」と思っていました。でもこうして育三郎を見ていると、この年代の男優ってこんなに大きく変わっていくんだなと思いました。そして彼は、僕が持っていないものをたくさん持っている。凄いな、いいな、それ僕もやってみたいよ、といつも思っています。育三郎や浦井君がどんどんテレビドラマに出ているから、僕も少しでも時間があればドラマのお仕事を入れて頂くようになりました。メンバーが頑張っていると、僕もリーダーとして色んなことに挑戦しなきゃと思うんです。

　僕はこれまで、特別親しい後輩はいませんでした。後輩も仕事相手であって、楽しいからといってベタベタする必要はないと思っていたからです。でもＳｔａｒＳを組んで、一緒に時間を過ごすっていいなと思うようになりました。お互いのいいところを知って、引き出し合って、いいことも辛いこともわかち合える。その時々で感じたことを言ったり、相談したり、そうやって積み重ねていったものが信頼関係になる。僕にとって育三郎は後輩であり戦友。だから飲みに行くと、同業者ならではの話をよくします。日本は俳優の組合がないので情報交換も大切なんです。そんな現実的な話をしている時の僕らは、全然プリンスっぽくないでしょうね（笑）。

　僕が思う育三郎の一番の魅力は、自分の弱みもちゃんと見せられるところだと思っています。誰だって自分のみじめなところなんて見せたくない。でも育三郎は一度全てをさらけ出して、みんなに意見を聞こうとする。それが出来る彼は強いと僕は思います。そうすると、こちらも彼の力になりたいと思うんですよね。

　ミュージカル界の同年代として、僕が初めてやったこともあれば、育三郎が切り開いたこともたくさんある。今後も新しいことをもっとやってくれると思う。そんな彼のことを頼りにしているし、僕も負けないように頑張りたい。だから育三郎、これからもよろしくな。

浦井健治（俳優）

『サ・ビ・タ～雨が運んだ愛～』を観に行き、駒田一さんの楽屋を訪ねた時に初めて育と会いました。来た人全員に、楽屋の暖簾にサインを入れてもらっているというので書いたら、「ありがとうございます！　めっちゃ嬉しいです！　浦井さんのサインもらいましたー！」と凄く喜んでくれて。歌も上手いし、綺麗な顔をした凄い後輩が出てきたなと思ったのが最初の印象です。それからあまり接点がなかったのですが、２０１１年に『ロミオ＆ジュリエット』で親友役として共演、そのあとに『ダンス オブ ヴァンパイア』のアルフレート役でWキャストをすることになって。その２作を連続でやったことで大きな絆が出来ました。『ロミジュリ』では目で何かを伝え合えるぐらいの高みを目指していたし、初演ということもあって、カンパニーもみんなで作ろうと

いうエネルギーに満ち溢れていたので、先輩後輩というより戦友でもある友達になれた感じがしました。育は仕事に関して妥協がないし、全体でレベルを上げていきたいという意識が強いから、育が経験してきた音楽的な素養や見方を惜しげなく、損得考えずに教えてくれるんです。「このフレーズにはこう歌ったほうがよりよく聞こえるよ」「こうやったほうが健ちゃんには合うよ」と、決して上から目線ではなくアドバイスをしてくれました。

年齢的には弟分になりますが、育にはお母さん的な雰囲気もあるし、礼儀正しいし、先輩をきちんと立てるし、場の空気を凄く読む人なんです。臨機応変に場をどんどん盛り上げてくれて、一緒になって遊んでもくれる。そういうことが自然に出来る人なので、年下という感覚は無く、しっかりしているなぁと。

以前からも思っていましたが、最近、益々男らしくなってきました。発言も前より増して太い芯があるし、責任感、使命感、充実感が育を更に大きくしているのではないでしょうか。30歳という節目もあり、より頼もしくなったように思います。

1年前程前ですが、一緒に遊んでいた時、急に育の実家や懐かしい場所に連れて行きたいと言われて、実家や思い出の場所を育の車で回るというツアーが行なわれました（笑）。「ここが母校だよ」「この坂を下って行ったところで怒られたなぁ」なんて思い出話もしてくれて、色々なところに連れて行ってくれました。あまりにも予想外な展開でしたけど、楽しくなっちゃったんでしょうね。僕も楽しかった。

彼の好きなところは、なんと言っても〝声〟。

歌声はもちろんのこと、笑い声が好き。少年のようにパンと花開くように ケラケラと笑うんです。きっと育はたくさんの愛情をかけて育ててくれたご家族の愛情があるからこそ、あの笑い声があるんでしょうね。あと、物事に対する向き合い方が凄く真摯だし、絶対に仲間を裏切らず、自分の時間よりも人との時間を大事にする。本当に素敵だなと感じます。ダメな部分は全部自分で気づいてすぐに直しちゃうので、欠点のない珍しい男なんです。だから、いつになったらほつれが出てくるのか、楽しみにしているんですけどね（笑）

今はStarSとして井上芳雄さんとともに活動していますが、ライバルという感覚はなく、一緒に盛り上げて行こうという気持ちしかありません。いずれはプリンスではなく三人ともキングになって（笑）ミュージカル、ストレートプレイ、ドラマ、映画で活躍出来る存在となっていたいし、そういう刺激を与え合える3人でいたいです。

ただ、ちょっと気になっていることがあって、この場を借りて聞きたいのだけど、育の中で浦井健治はどのぐらいウザいですか？いい意味でどれぐらいウザいですか？そのウザさにどれくらいの快感を覚えていますか？今度教えてね。

うらい・けんじ
1981年8月6日生まれ。東京都出身。2000年『仮面ライダークウガ』で俳優デビュー。04年にミュージカル『エリザベート』でルドルフ役に抜擢されて以来、ミュージカルのみならずストレートプレイの舞台でも活躍。デビュー15周年を迎え、テレビドラマ出演、CDデビュー、ソロとして初めてコンサートを行なうなど活動の場を広げている。紀伊國屋演劇大賞個人賞、読売演劇大賞最優秀男優賞など多数受賞。

髙橋大輔

（フィギュアスケーター）

Photo by Seitaro Tanaka

たかはし・だいすけ
1986年3月16日生まれ。8歳よりスケートを始め、99年に初の国際大会トリグラフトロフィーで優勝。2006年トリノオリンピック8位入賞、10年バンクーバーオリンピックで日本人初の銅メダル獲得、同年、世界選手権で日本男子初の優勝。14年のソチオリンピックでは6位入賞。フィギュアスケート選手として五輪3大会連続入賞は日本人選手初。現在はテレビ、アイスショーなどで活躍中。

元々僕はミュージカルが好きで。物語を見ながら別の世界に行けるのも楽しいし、ダンスや歌が素敵なところにも惹かれるのですが、まさか舞台に立っている人と知り合えるとは思ってもみなかったところ、ある日共通の知人を通じて育ちゃんを紹介して頂きました。部屋に入ってきた瞬間からオーラがあり、普通とはちょっと違う目を引く存在で。凄くしっかりしていたので年上の方かな…と思っていたら同い年だとわかって。育ちゃんのお母さんの実家が僕の故郷と同じ岡山ということもあり、意気投合しました。最初は仕事の話しは全然せずに、くだらない話ばかりでしたが、育ちゃんって見た目とギャップがあって（!?）話していると凄く面白くて。その後、何度も舞台を観に行かせて頂きましたが、舞台の上の彼は本当に凄くて、演技も歌もダンスも上手い。『ロミオ＆ジュリエット』はあまりに楽しくて2回も観に行ってしまいました。

僕は人見知りな上に、広く浅く人付き合いをするのが苦手だからあまり友達が多くないのですが、育ちゃんとは感覚や感性が似ていて、話していても言葉のキャッチボールが出来るし、共感出来ることが多くて。僕が悩んでいる時にも彼が色々とアドバイスをくれたのですが、その時の話もすんなり僕の中に入ってきて。彼も色々な葛藤があったようですが、立ち向かっては前に進んでいることを知って刺激をもらいましたし、育ちゃんに負けないように頑張ろうと思いました。

日本全国を公演で回り舞台に立ち続けているので、体調管理などかなりストイックに気を付けていることを知っていたので、僕からお誘いするのはつい遠慮してしまうのですが、いつも育ちゃんのほうから声をかけて頂きます。実は性格は全然似ていないけれど、僕は自分に持っていないものを持っている人に惹かれるし、何よりリードしてくれる人が好き。最初に「なんて呼び合う？」「僕は育ちゃんと呼ばれることが多いかな」「僕は大ちゃん」「じゃあそう呼ぼう！」と話しやすくしてくれたり、次は○○へ行こうよ！ と行動的。話題も豊富でどんどん広げて楽しませてくれて頭がいい。僕にはない部分ばかり持っているので、とても楽だし凄いなといつも感心しています。二人で食事をした時は色々と深い話もして、近い将来、一緒に何か出来たらいいね…なんて話にもなりました。

最近、テレビドラマやバラエティー番組でもよく見かけるようになりましたね。周りからも「山崎育三郎って面白いね」という声が聞こえてきて、僕も嬉しいです。これまで以上に多くの人に知られるようになり、株を上げているな。ちょっと悔しいなーって（笑）。育ちゃんは小さい頃から続けてきたミュージカルが大好きで。僕も長くスケートを続けてきましたが、時にこのスポーツが好きかどうかわからないと思うこともある中、どうやったらこんなに好きでいられるのだろうと思います。僕と育ちゃんはジャンルは違えど、人前に出て生のお客様に見せるという部分は同じですし、お客様の層もわりと似ていて会場の雰囲気をつかみながら演じていると思うんです。生なので失敗も全部見えてしまうし、色んな方法で表現をしていることでしょう。僕はそういう空気が好きだから、会場の心をつかんでやるぞ！　と燃えつつも、ひとりよがりな演技にならないように気を付けています。育ちゃんの演技でひとりよがりだと思ったことはないので、常に冷静な彼が第三者としての目線で全体を見ているのかな…といつも感じています。そういう質問をするのは恥ずかしいので今まで聞いたことはないのですが、今度、今僕が興味を持っている舞台制作の話なども含め、是非色々と聞かせて下さい！

山崎軍団

相馬太郎（そうま・たろう）
小谷徹也（こたに・てつや）
丹野透（たんの・とおる）
山崎育三郎の同級生。小谷と丹野は小学生から、相馬は中学生から。中学生時代に山崎を中心としたくだらないことばかりをしている仲間として、周囲から“山崎軍団”と呼ばれるようになる。結束は固く、今でもよく会う間柄。将来的には同じ老人ホームに入り余生を送りたいと思い合っている。

丹野「中学の頃のいっくんは、先生の前では優等生だけど本当は……みたいなキャラだったよね。先生の背中をうしろからサッと触って、振り向くといないみたいなイタズラをよくやっていて。ひとりだけいっくんの悪行を見透かしている先生がいて、うしろを確認せずに『山崎！』って怒ってました（笑）」

小谷「下校中に育三郎が僕の家に小石を毎日投げていた事件、先日ようやく解決したんです。僕の結婚式のスピーチで育三郎がそのエピソードを話してくれたんですが、そこでも上手いことを言って自分の非は認めず、大勢の前で『丹野君。徹也君のお母さんにもう1回謝ろうか』って言ってのけた。さすがでした」

丹野「小石を投げていたのは育三郎で。僕は全く悪くないのに謝りました」

相馬「実は山崎軍団ってもう二人いたけど、なんだかんだでこの4人しか残ってないんです」

小谷「山崎軍団のランク付けというのがあって、育三郎がナンバー1で、太郎、僕、トオちゃんという順位付けがある、完全なる縦社会です」

丹野「中学の近くに小さい公園があって、いつも僕達はそこを通って帰っていたんです。ある日、その公園で子供達が水風船で遊んでいて。当時僕達は中3の受験生なので、太郎は早く帰って塾に行かないといけなかったのだけど、いつも通りみんなながダラダラ歩いて帰っているから、太郎がイライラし始めた。そんな太郎を見た育三郎は、子供達のところに行って『あいつに水風船当ててもいいよ』って言ったんです。すると子供達は大喜びして、太郎の背中に思い切り水風船投げていたよね」

相馬「元々イライラしているのにそんなことをされて、僕は当然怒りますよね。キレてる僕を見て育三郎はまたケラケラ笑ってるんです（笑）。中3だというのに、やっていることは幼かったよね」

小谷「育三郎の家でゲームをして負けたら罰ゲーム。でも育三郎は絶対に負けないんです」

丹野「僕は犬が苦手だったのですが、山崎家でゴールデン・レトリーバーを飼っていた時があって。家に行くといっくんが『クック、GO！』と言って、クックが勢いよく走り寄って来る。あれは怖かった」

相馬「高校に入ってアメリカに留学して。元々明るかったけど、もっと明るくなって帰って来た。でも帰ってからはおじいちゃんとおばあちゃんの介護が始まって。家に行くと育三郎が一人で介護しているんだから、今考えると凄いことだよ」

小谷「でも辛そうな表情は一切見せず、いつも明るかった。インターホンを押すとおじいちゃんが『シラナイヨ！』と出る。育三郎が真似して出ることもあるので、ある日『いいから開けろよ』と言ったら本当におじいちゃんだったこともありました（笑）」

相馬「おじいちゃんの顔写真と『シラナイヨ！』という口癖をデザインした山崎軍団シャツを、育三郎の29歳の誕生日の時に作ったんです」

小谷「でもあのシャツを作っ

た数カ月後に亡くなってしまって。シャツは棺桶に入れてもらいました」

相馬「育三郎が『レミゼ』のオーディションに合格した瞬間、僕も一緒にいたのですが、こんなに嬉しそうな顔は見たことがないというぐらい喜んでいました。僕も嬉しかったなぁ」

小谷「みんなで『レミゼ』を観に行った時、僕らは〝あの育三郎が〟って笑っちゃったけど、終演後にお客さんにサインしているのを見て、不思議な気分だったよね」

相馬「でも育三郎は今も昔も全然変わらないね」

小谷「みんなで集まる時はどんなに忙しくても合流するし」

相馬「仕事で悩んだこともあると思うけど、愚痴は言わないし、ピンチもチャンスに変えていた。そういう力があるのかなといつも思っていました」

丹野「『疲れた』とは絶対に言わないしね。『疲れたと言う人程忙しくない』と言って」

相馬「今は4人ともみんな結婚をして、それぞれ子供も生まれる。2代目山崎軍団ではあいつに勝ちたい。だから我が家は今から英才教育を始めています」

小谷「子供同士なら負けないぞと言いたいね。俺達はもう無理。一生ついて行きます！」

山崎軍団SHIRANAIYO!!シャツの全貌！

山崎育三郎の自叙伝『シラナイヨ』の発売を記念して!?
特別にSHIRANAIYO!!シャツを公開！

バック

フロント

よくみるとSHIRANAIYOと書いてあり、祖父の顔写真も！

Memories #2

IKUSABURO
YAMAZAKI

野球チームの試合。
キャプテンをしていた小学4年生の時です

初舞台となったアルゴミュージカル
『フラワー』の本番シーン

『フラワー』打ち上げで
劇団四季の石波義人さんと一緒に記念写真

アメリカ留学中はよくゴルフをしていました。
仲良しのアダムとジェード

ドラマにバラエティー。
テレビの世界で知ったたくさんのこと

長くミュージカル界にいる中で、「ミュージカルに来て下さる方をもっと増やしたい、ミュージカルの敷居を低くしたい。そのためにはどうしたらいいのだろう」とずっと考えていました。そんな中、ある世界的大ヒット映画が僕にヒントをくれたのです。それは2012年に公開された映画『レ・ミゼラブル』。僕も観ましたが、とても素晴らしい映画でした。映画の大ヒットを受けて、その年に帝国劇場で上演されたミュージカル『レ・ミゼラブル』は、7カ月間にも及ぶ全公演のチケットが完売となった程。映画の影響は本当に凄いんだなと思いましたし、僕達も新しい世界に飛び出していく必要があるのではないかと、より考えるようになりました。そのためにもまずは山崎育三郎という存在をより多くの方に知って頂ければ、ミュージカルに足を運んで下さる方も増えるかもしれない。そんな想いから、僕は本格的にテレビドラマに挑戦することにしました。

最初のドラマ出演は、唐沢寿明さん主演のスペシャルドラマ『THE LAST COP／ラストコップ』（日本テレビ×ｈｕｌｕ）でした。これまでは様々なミュージカルや舞台の現場に行っても、知っている人がたくさんいるのが当たり前でしたが、初めてのドラマでしたから、役者さんもスタッフさんも当然ながら面識のない方ばかり。僕自身がドラマの芝居に慣れていないこともあって、最初はとにかく不安でしかありませんでした。

ある日、僕が隣のビルの屋上にいる唐沢さんに向かってセリフを言うシーンがありました。映像なのですから、僕のセリフが唐沢さんに届いているように見えればそれでいい。しかし僕は唐沢さんとの実際の距離感で芝居をしてしまい、風がビュービューと吹く中で唐沢さんに向かって大声で叫び続け、喉を痛めてしまったのです。その後の『エリザベート』の稽古でも声が出なくて、みなさんにご迷惑をおかけしてしまった程で、ドラマは舞台と同じテンションで演じるのではなく、画面を通して伝えるお芝居なんだなと反省した出来事でした。

ミュージカル『エリザベート』を終えた２０１５年半ばに、ドラマ『下町ロケット』（ＴＢＳ系）の撮影に入りました。キャストは男性が多く重厚感のあるシナリオだったため、みなさんそれぞれ役に入り込んでいました。リハーサルからミスが許されないような空気が漂っていたので緊張していたところ、監督から「舞台役者さんがドラマに重宝されるのは熱量があるから。このドラマでも人間の熱量を出してほしい。そうすればきっと見た人に伝わる」というお話をして頂き、それはとても励みになりました。それに主演の阿部寛さんがまさにそのような世界観を作って下さっていたので、僕も集中して真野というキャラクターになることが出来、キャストもスタッフも素晴らしい方ばかりで、毎日が勉強。色んな質問をさせて頂いたり、現場でどう居たらいいのかを学んだり。僕にとっては教科書のような作品となりました。

ドラマの現場を経験したことで学んだのは、ドラマは自分との戦いであるということでした。舞台と同じくチームで作るという点は同じですが、ただ役として生きることに集中することがドラマでは特に大事なのかもしれないと僕なりに考えていました。

そしてドラマは多くの方が見て下さるものだということも改めて実感しました。放送が始まると、たくさんの親類や友人達から「見たよ！」という連絡が来ましたし、街を歩いていると「真野さんだ！」「『下町ロケット』見てますよ」と声をかけて頂けるようになりました。作っている最中は、どういう人達が見て下さっているのか想像しにくいものですが、放送が始まって周りからそういった声が聞こえてきて、こんなにもたくさんの人が見て下さっているんだと、肌で感じられるようになりました。

でもこれは映像に限ったことではなく、舞台も本質は同じだと思います。何のために芝居をしているのかというと、見て下さる方のため。そこに向かってみんなで必死になるところも同じです。僕はずっと舞台の世界にいて、目の前のお客様に沢山の拍手を頂き、カーテンコールでお礼を伝えてきました。これまでは、お客様がいるから成り立っているということをずっと感じながら舞台に立って来ましたが、それはドラマも同じで、見て下さる方がいないと作品は成立しません。

ここ最近は、ドラマだけでなくバラエティー番組にも出演させて頂けるようになりました。僕は元々お笑いやコメディーが大好きでしたが、『トライベッカ』も含めてバラエティー番組の裏側を知ると、驚きと感動の連続でした。

それまではいち視聴者としてバラエティー番組を見ていた側だった僕ですが、いざ出演者としてあの中に入ってみると、驚かされることばかり。特に芸人さんやタレントさん達は、目線の使い方やアンテナの張り方が凄く、どうしたらこの時間を面白く出来るかを、出演者とスタッフみんなが全力で考えていたのです。だから僕もゲストだからとただ座っているのではなく、何を求められているかを瞬時にキャッチをするためのアンテナを張るように心掛けました。すると、「今、何を求められているのか」ということを自分なりに感じ取り、バラエティー番組に出演することが楽しくなりました。それに、カメラが回る直前の出演者さんの表情ってとてもかっこいいのです。みなさん「よし！」とスイッチが入るように切り替わる。それを見て、ああミュージカルもドラマもバラエティーもみんな同じなんだ、命がけでこの時間をいいものにしようと思っているんだと、感動すら覚えました。

僕はこれまで大人のお客様に見られることで育てられてきたところがあります。そのため、山崎育三郎というと優等生のようなイメージがあるとよく言われました。しかし、山崎軍団と一緒にいる時は中学生の頃の育三郎になります。ミュージカル俳優・山崎育三郎を演じているつもりはありませんが、コントやバラエティー番組で面白がってもらうことも、僕としては大歓迎です。今こうしてバラエティー番組でまた違った一面を見て頂けたことで、「この人面白いね」「ミュージカル見てみたいな」と、興味を持って頂けたらいいなと思っています。

『嵐が丘』が繋いだ出会い

２０１１年に出演したミュージカル『嵐が丘』で、大きな出会いがありました。主演を務められた河村隆一さん、そして共演者の安倍なつみさん。彼女との出会いはこの作品がきっかけでした。

隆一さんは、みんなで一緒にひとつのことをやるのが好きな、とても素敵な方です。いつも優しくて、仕事以外の時でも僕を食事やゴルフに連れて行って下さったりと、とてもよくして下さいました。本当に歌が上手くて、僕はいつもその歌声に聴き惚れていたのですが、後日、東京ドームで行なわれたＬＵＮＡ ＳＥＡのコンサートにもご招待頂きました。普通の人が言うと恥ずかしいようなことでも、隆一さんならカッコよく言えてしまう。「河村隆一はカッコイイ！」と僕も客席で熱くなりました。

僕は主人公の恋敵であるエドガーを演じたのですが、ヒロイン役の安倍なつみさんは、現場でとてもプロフェッショナルな姿を見せている中、キャスト、スタッフ全員分のおにぎりを持ってきたこともありました。どうしてそこまで気遣いが出来るのだろうと思う一方で、芝居や歌に対しては誰よりもストイックに練習をしていました。そんな姿を見て、凄いなと思ったのが彼女を意識したきっかけだったのかもしれません。お付き合いを始めたのは公演が終わってから。彼女は普段の生活もとても真面目で、食生活もしっかり管理し、野菜ソムリエの資格も取得していました。仕事が終わったらすぐに家に帰り、日々の生活にも真剣に向き合っている彼女の姿を見ているうちに、この人と一緒に人生を歩むことが出来たら幸せだろうなというイメージが湧いたのだと思います。

所属していた事務所が倒産してしまった時、ドラマに挑戦する中での悩みを抱えた時にも一緒に考えてくれましたし、新しい事務所が決まった時には一緒に喜び合えて。双方の事務所と話し合い、2013年の時点で、2015年の『エリザベート』が終わったら結婚をしようと決めていました。

彼女は、施設にいた祖父母のお見舞いにも何度も一緒に行ってくれて、亡くなる数日前にも一緒に会いに行ってくれました。家族に囲まれた祖父の最期は穏やかで幸せそうに見えました。僕は元々30歳までに家族を持ちたいと考えていましたが、祖父の姿を見て、より一層家族というものを意識しました。もしかすると、この時に祖父が更に背中を押してくれたのかもしれません。

『エリザベート』と小池修一郎先生

19世紀のオーストリアを舞台に、皇后となった女性エリザベートの波乱の人生を描くミュージカル『エリザベート』。日本では宝塚歌劇団が上演したのが最初で、帝国劇場で上演した東宝製作のものは2000年からスタートしました。僕はこれまで何度か皇太子のルドルフ役のお話を頂いていたのですが、出演出来ずにいました。僕が30歳までにいつか出演したいと願っていた4つのミュージカルのうちの1つのミュージカルです。僕は昔からこの物語の鍵を握る役割のルイジ・ルキーニ役に魅力を感じていました。初演からずっと髙嶋政宏さんが演じてこられた大役です。

メインキャストが一新された2015年版に、僕はルキーニ役としてお声掛け頂くことが出来ました。物語を引っ張るストーリーテラー。舞台と観客の橋渡しであり、作品を俯瞰で見ていなくてはならない難しい役目だと思っていましたから、ルキーニを立派に演じることが出来たらきっと僕の転機になるだろうと感じていました。

その日の進行などを観察してリズムを感じたり、舞台と客席の間を繋ぐ大変難しい役です。常に俯瞰的に存在しつつ、その日の芝居のテンポが少しゆっくりだと感じたら、語りの場面で敢えて前のめりで喋ってみたことも。自分が出ていない時もステージを見て状況を把握したりと、常に勉強ですがとてもやりがいがありました。

実はこのルキーニ、僕が参加した2015年版より演出の小池修一郎先生がルキーニの場面を以前より増やしました。ルキーニが作品を進行させていることをより明確にする演出です。これまでに比べてルキーニの印象が変わったのではないでしょうか？

実在のルキーニがヒゲを生やしている人物なので、『エリザベート』でもヒゲの姿が定番となっています。ヒゲを生やすと、不思議と気持ちまで変わっていきました。余談ですが、ヒゲが生えた状態でドラマ『下町ロケット』の衣裳合わせに行ったところ、監督が「それいいね。真野は最初ヒゲを生やした状態でいこう。途中で変身させたいからそのままにしておいて」と言って下さいました。僕は舞台が終わったら剃るつもりでいましたから、ルキーニ役のためにヒゲを生やしていなかったら、真野はヒゲの男ではなかったかもしれません。

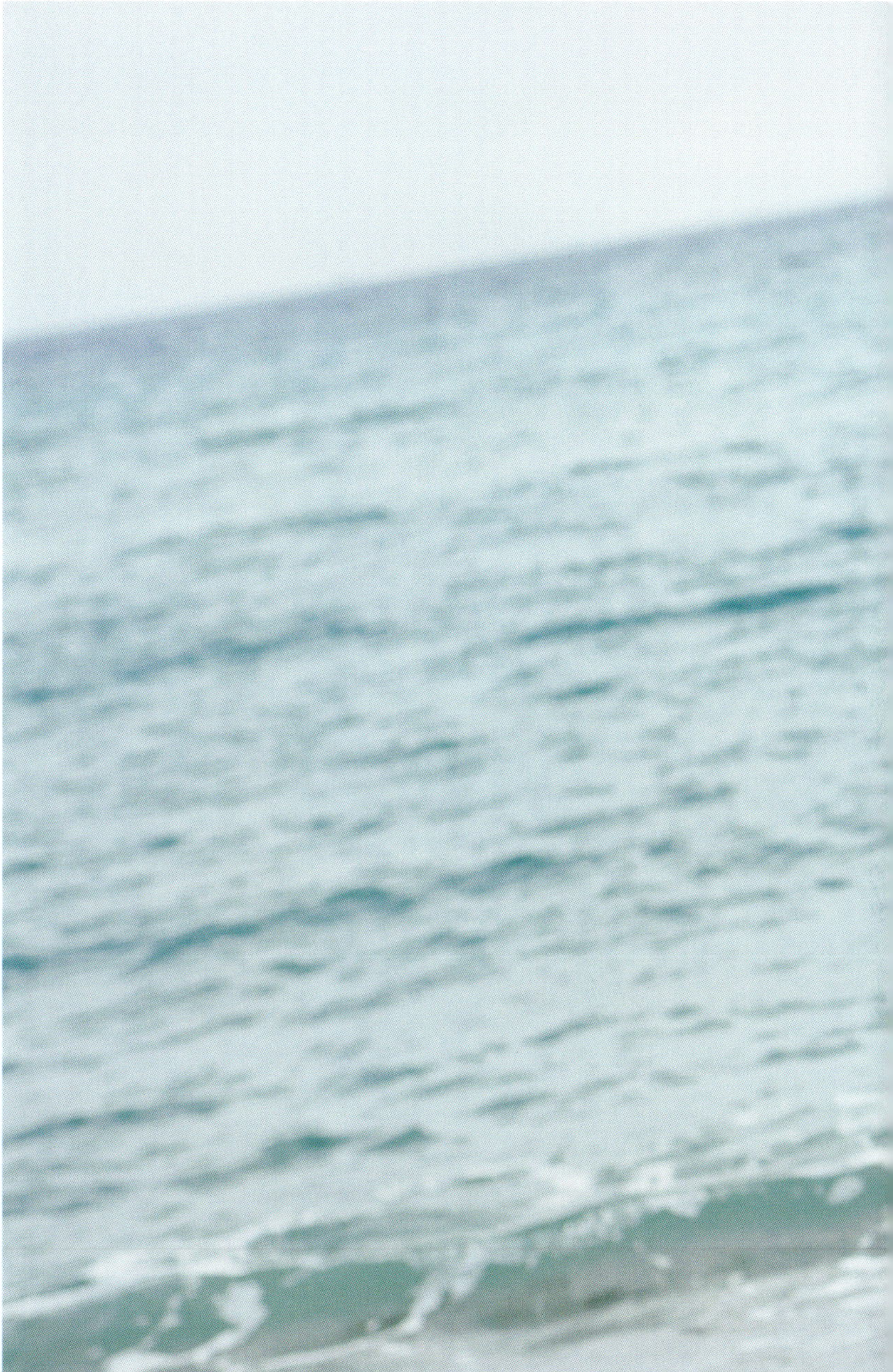

『エリザベート』では、見た目に加えて歌い方も変えました。マリウスやロミオなど王子様を演じる時は、丸みのある柔らかい声を意識します。しかし殺人犯であるルキーニや『ミス・サイゴン』のクリスのような役では、喋っているように刺々しくということを大切にしました。後者は喉に負担があるのですが、甘く見えないよう、そして泥くさく歌いたかったのです。ドラマでも、『下町ロケット』の真野と、「アイアイサー！」と明るく振る舞う『お義父さんと呼ばせて』（フジテレビ系）の砂清水では、声の出し方から変えています。キャラクター性や感情が違えば声色も変わって当然。ミュージカルなら歌い方も違うはずだと思うのです。新たな歌い方に思い切りチャレンジ出来たのが、このルキーニという役でした。

『モーツァルト！』、『ロミオ&ジュリエット』、そして『エリザベート』の演出は小池修一郎先生です。僕の小池先生との出会いを思い返してみると、『モーツァルト！』よりも前に遡ります。まだ音大生だった頃、自分で行動を起こさないとミュージカルに出演出来ないと思っていた僕は、自分の歌を何曲か、MDに録音した宣伝用の素材をいくつも用意しました。自分でプロフィールを書き写真を貼って、MDと一緒に入れた封筒。それを以前出演したミュージカルのプロデューサーのところに持って行き、「今の僕の声です。聞いて下さい」と渡していました。ある時、アルゴミュージカルの演出家の方が『エリザベート』の演出助手をされており、小池先生に僕の宣伝素材を渡して下さったのです。学生だった僕は『エリザベート』の舞台稽古にお邪魔し、小池先生に挨拶させて頂きました。お忙しい方ですから、その時のことを先生は覚えていらっしゃらないと思います。

その後、『エリザベート』のオーディションに呼んで頂き、『モーツァルト！』で僕を主演に選んで下さいました。僕に人生の転機を与えて下さり、稽古で舞台でのイロハを叩きこんで下さった恩師のような存在なのです。

小池先生の指導は、「今の君は何が出来るのか見せて」というスタンス。まずは役者が小池先生に自分自身を見て頂く。それに対して先生が「もっとこうしたほうがいい」とアドバイスをして下さる。最終的に、ディスカッションをしながら作り上げていくことになります。先生の指導は時々変わっていて、例え話をされることがあります。「モーツァルトとお父さんの関係は、ボクシングの〇〇親子と同じなんだ」とか、他の役者に対してもお前の姿は「コンビニにたむろしている不良にしか見えない」みたいな例えで指導される時は、つい笑わされてしまうんです。

普段は本当に厳しい方ですが、小池先生は我が子のように愛情を持って僕達役者に接して下さいます。初めてご一緒した作品『モーツァルト！』の通し稽古で、「市村さんが主役にしか見えない」と言われ、今でも作品ごとに厳しいダメ出しを頂きます。いまだに大勢の前で「全然ダメだよ」と叱られることもあります。だからこそ、もっと成長した自分を小池先生に見て頂きたいと常に思ってしまいます。

3年ほど前、一緒に宝塚の舞台を鑑賞したことがありました。終演後、「近くに温泉があるから行かないか」と誘って下さり、そのまま二人で温泉に行きました。一緒に温泉に入って、風呂あがりにビールを飲んで。そこで先生と色んなお話をしました。仕事の話よりはプライベートな内容が中心になり、結婚の話になった時、「結婚してきちんとした家庭を持ちなさい！」と言って下さったのが凄く嬉しかったのを憶えています。仕事だけではなくプライベートな部分も理解して頂き、応援して下さる大きな人。これからも熱く厳しい指導をして頂きたいと思っています。

これまでの僕、これからの自分

自分の性格を客観的に見ると、好きなことにはとことん進むほうなのだと思います。男兄弟で育ったからか、負けず嫌いなところもあります。やるからには上に行きたい。ドラマの世界に足を踏み入れたのだから、いつかは主演を演じてみたい。歌い手としていつか単独でも武道館公演をやってみたい。そして常にミュージカル俳優として主演を務めることが出来る存在でいたい。色んなジャンルに挑戦させて頂けるようになったからには、全ジャンルで高見を目指していきたいと思っています。いつまでも自分と戦っていたいのです。

そのためにはどうしたらいいのでしょう。僕は「今日何が出来るのか」といつも考えています。なぜなら、5年後、10年後に世界がどうなっているのか誰にも想像出来ませんから。しかし急に成長することも出来ません。だから、とにかく今を頑張る。今の積み重ねをしていけば、素敵な未来が待っていると信じているのです。

1年前の僕は、このような自分になっているなんて想像もしていませんでした。でも今の僕は、想像していなかった未来にいることが楽しいのです。選択を迫られた時、周りに相談しながらも、最後は自分の直感を信じて選んできました。苦しいとか、やらなきゃいけないという気持ちではなく、「楽しい、好きだ」と思えることに挑戦してみる。その選択は間違っていなかったと思います。未来のことを少し考えてみると、僕には「いつか後輩達や子供達にミュージカルを教えたい」という夢があります。僕がたくさんの先生や先輩達に教えられてきたように、僕も自分の持っている全てを伝えたい。その日のために今はピアノを練習しています。今出来ることを少しずつ積み重ねれば、きっとその夢も叶うと信じています。

僕は今……

受け入れること

寄り添うことを

大切にしています。

まだまだ人生30年の歩み、これから何が待ち受けているか先のことはわかりません。が、どんな時も明るくポジティブに前へ前へと少しでも進んでいけるような人生を送りたいと思います。

「朝が来ればトゥモローいいことがあるトゥモロー♪♪」…(アニー)

「人はみんなだれでも一人では生きていけないから♪♪」…(人間になりたがった猫)

子供の時に出会った歌…大人になった今も心の支えになってくれている歌です!!

あとがき

12歳で初めてミュージカルの舞台に立ってから18年。『レ・ミゼラブル』に出たい、帝国劇場に立ちたい、何より「ミュージカルが好きだ！」と言い続けて生きてきました。18年間、ずっとミュージカルという相手に恋をしてきたような感覚です。志した頃は僕の周りではミュージカルに興味を持っている人が全くいませんでしたが、今では多くの仲間やスタッフに支えられ、ミュージカルの魅力を広く知って頂けるようになりました。好きなこと、やりたいことを早くから見つけることが出来て自分は本当に幸せだと思います。大好きなミュージカルに出会うきっかけを与えてくれた両親には感謝をしています。

僕の家族は一見するとバラバラですが、個々の関係はとても強いです。周りから驚かれるほど四兄弟はとても仲がいいですし、そこに父や母が入ったり、家族の絆はしっかりと存在しています。子供の頃から、母が祖父母との関係をとても大切に考えてくれていたお陰で、祖父母のことをいつも近くに思うことが出来ました。今の僕があるのは家族のお陰。そんな家族への思いも本に書くことが出来て嬉しく思います。

そしてミュージカル俳優としてデビューしてから、素晴らしい方々と沢山出会うことが出来ました。素敵な人に出会うためには、まず自分が努力しなければいけないと思っています。全ての出来事は、自分が引き起こしている。想い続けていれば夢は叶う。子供の頃からミュージカル俳優を目指し、ミュージカル愛だけは誰にも負けない自信がありました。そんな僕の強い想いを、この18年間で沢山の方々が受け止めて下さったのだなと、これまでの出会いを振り返ることで改めて気づくことが出来ました。

この本を出版させて頂くことが出来て、大切な仲間にも僕のことを語って頂きました。人生に正解はないし、一度きりしかありません。後悔しないよう、「本当にそれでいいのか？」と常に自分に問いかけながらここまでやってました。

これまで本当に多くの方に支えて頂き今の僕がいます。感謝の気持ちを忘れず、これからも一つ一つ、僕らしく笑顔で歩んでいきます。最後になりましたが、この本を出版するにあたり多くの方々にご協力頂きましたこと、御礼申し上げます。「山崎育三郎60歳！　第2章」も宜しくお願いします。

山崎育三郎

山崎育三郎（やまざき・いくさぶろう）
1986年1月18日生まれ　東京都出身。　特技／ダンス・ピアノ・野球　　趣味／ゴルフ
幼い頃に見たミュージカル『アニー』に衝撃を受け、小学３年生から歌のレッスンを始める。12歳の時に受けた小椋佳さん企画のアルゴミュージカル『フラワー』のオーディションで見事主役に抜擢され、ミュージカルデビューを飾る。中学３年生の時に、音楽大学附属高校を受験するためにピアノを始める。入学した音楽大学附属高校を卒業後、東京音楽大学に入学。在学中に受けた日本上演20周年の『レ・ミゼラブル』オーディションでマリウス役に抜擢。甘く気品のある歌声、確かな演技力で多くの観客を魅了し、その後もミュージカルを中心に2010年『モーツァルト！』の主演ヴォルフガング・モーツァルト役で第36回菊田一夫演劇賞・演劇賞を受賞。『ミス・サイゴン』クリス役、『エリザベート』ルイジ・ルキーニ役など数多くの作品に出演する。2013年井上芳雄、浦井健治とのユニット『StarS』を結成。同年5月にミニアルバム『StarS』でデビューし、11月には武道館公演を開催。2014年にその活動に対して『第5回岩谷時子賞 奨励賞』を受賞する。近年は活動の幅を映像にも広げ、2015年に放送された日曜劇場『下町ロケット』（TBS系）で注目を浴び、その後『お義父さんと呼ばせて』（フジテレビ系）、『悪党たちは千里を走る』（TBS系）、『グッドパートナー　無敵の弁護士』（テレビ朝日系）と３クール連続、４作品で連続ドラマに出演。また、2016年6月からはミュージカル『エリザベート』、8月にカヴァーアルバム『1936～your songs～』発売、12月には主演ミュージカル『プリシラ』が控えている。テレビドラマでも存在感のある演技を見せ、バラエティ番組でも甘いマスクとその美声とは対照的な、飾らないキャラクターでお茶の間にも人気が広がった、本格派ミュージカル俳優。

シラナイヨ
山崎育三郎

構成　大曲智子
撮影　藤本薫
装丁・本文デザイン　入江あづさ（inlet design）
スタイリスト　尾後啓太
ヘアメイク　黒木翔
編集　今津三奈

アーティストマネジメント　辻村佳代子　保苅貴史（研音）

初版　2016年8月1日

発行者　横内正昭
発行所　株式会社ワニブックス
〒150-8482
東京都渋谷区恵比寿4-4-9 えびす大黒ビル
TEL　03-5449-2711（代表）
印刷所　大日本印刷株式会社
校正　玄冬書林

ISBN 978-4-8470-9470-5
Printed in JAPAN 2016
ワニブックスホームページ　https://www.wani.co.jp/